화랑 따라 구석구석
경주 여행

화랑 따라 구석구석 **경주 여행**

초판 1쇄 2020년 8월 14일 | 초판 2쇄 2021년 8월 10일

글 정혜원 | 그림 안재선
기획·편집 최은영 | 마케팅 강백산, 강지연 | 디자인 민트플라츠 송지연

펴낸이 이재일 | 펴낸곳 토토북 04034 서울시 마포구 양화로11길 18, 3층 (서교동, 원오빌딩)
전화 02-332-6255 | 팩스 02-332-6286 | 홈페이지 www.totobook.com |
전자우편 totobooks@hanmail.net | 출판등록 2002년 5월 30일 제 10-2394호
ISBN 978-89-6496-424-8 73910

ⓒ 정혜원, 안재선 2020

이 책은 저작권법에 의해 보호를 받는 저작물이므로 무단 전재 및 무단 복제를 금합니다.
잘못된 책은 바꾸어 드립니다.

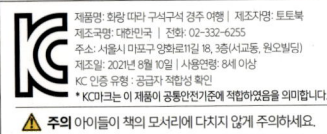

화랑 따라 구석구석
경주 여행

정혜원 글 | 안재선 그림
오세덕(경주대학교 문화재학과 교수) 감수·추천

작가의 말

경주에 가 본 적 있나요?

　누구나 한 번쯤 경주에 가 봤을 거예요. 경주에는 월성, 동궁과 월지 같은 궁궐이 있고 석굴암, 불국사, 감은사지 같은 절도 있어요. 또 포석정과 첨성대처럼 신기한 유적들이 있고, 고개를 조금만 돌리면 언덕만 한 무덤이 여기저기 솟아 있는 걸 볼 수 있어요. 경주는 도시 전체가 박물관이라 할 만큼 신비로운 문화유산으로 가득해요. 문화유산을 정확히 이해하려면 먼저 역사를 바로 알아야 해요. 경주는 무려 천 년 동안 신라의 수도였어요. 신라는 원래 작고 힘없는 나라였지만 차근차근 힘을 키워 고구려와 백제와 어깨를 나란히 했어요. 그리고 결국에는 두 나라의 공격에 맞서 삼국을 통일한 뒤, 중국을 넘어 아라비아에 이르는 무역을 통해 아시아의 문화 선진국으로 성장했어요.

　신라가 삼국을 통일하고 성장하는 데에 지렛대 역할을 한 주인공들이 있어요. 바로 화랑이에요. 화랑은 진흥왕 때 만들어진 청소년 군사 조직이에요. 그들은 생활 속에서 세속 오계를 실천하고 산과 들을 돌아다니면서 춤과 음악, 무예를 갈고닦았어요. 또 신라에 위기가 닥칠 때마다 앞장서서 적을 무찔렀지요. 그래서 화랑은 신라의 역사와 문화유산을 이해하는 데에 빼놓을 수 없는 인물들이에요.

이 책은 화랑과 낭도들이 경주 곳곳을 돌아다니며 펼쳐지는 이야기예요. 역신이 처용인이라는 도장을 훔쳐 가면서 신라 백성들이 무서운 전염병에 걸릴 위기에 놓이게 되자, 도마를 비롯한 여러 화랑들이 경주 구석구석을 돌아다니며 처용인을 찾아 나서요. 도마와 화랑들과 함께 처용인을 찾아볼까요? 처용인을 찾다 보면 생생하게 살아 숨 쉬는 신라를 함께 만날 수 있을 거예요. 도마와 대원랑 무리가 인사를 나누었던 황룡사, 도마가 역신을 처음으로 만났던 미추왕릉, 역신을 찾기 위해 수많은 골짜기를 오르내려야 했던 남산, 도마와 역신이 결투를 벌였던 분황사까지 흥미로운 이야기를 통해 경주 전체가 화랑들의 배움터이자 놀이터였다는 사실을 자연스레 깨달을 거예요.

화랑들이 움직였던 길을 따라 경주를 여행해 보세요. 그리고 눈을 감고 깨진 기와 조각만 남아 있는 궁궐터와 주춧돌도 남지 않은 빈 절터에서 마음껏 상상해 보세요. 수천 년 전, 이곳에서 꿈을 꾸고 성장했던 사람들을 만날 수 있을 거예요. 이 책을 읽은 친구들이 상상을 통해 신라 사람들의 숨결을 꼭 느껴 보았으면 해요.

정혜원

차례

작가의 말 4

등장인물 소개 8

도마, 서라벌로 떠나다 10

처용인이 사라졌다 13
  경주가 품은 첫 번째 이야기 32

사군이충
산 임금과 죽은 임금이 머무는 집 35
  경주가 품은 두 번째 이야기 I 50
  경주가 품은 두 번째 이야기 II 52

사친이효
토함산의 신성한 보물들 55
  경주가 품은 세 번째 이야기 70

교우이신
돌에 새긴 빛나는 우정 73
  경주가 품은 네 번째 이야기 84

신라는 내가 지킨다 87
경주가 품은 다섯 번째 이야기 98

살생유택

남산, 생명이 살아 숨 쉬다 101
경주가 품은 여섯 번째 이야기 116

멋진 화랑이 되었어 119
경주가 품은 일곱 번째 이야기 128

–

도마가 떠난 뒤 서라벌 이야기 130

등장인물 소개

도마

안녕? 난 토토 초등학교에 다니는 도마라고 해. 평소 게임하는 걸 아주 좋아하지. 또 주말마다 가족들과 함께 떠나는 여행을 매우 좋아해. 박물관, 미술관, 낚시터, 야구장 모두 환영이야. 이번 주에는 학교에서 경주로 여행을 간대. 벌써부터 잔뜩 기대 중이야.

대원랑

나는 화랑을 이끄는 대장이야.
내 밑으로 여러 낭도들이 있지.
나의 관심은 낭도들이 멋진 화랑으로
자랄 수 있도록 도와주는 데에 있어.
그래서 평소 낭도들의 몸과 마음을
살피려고 부단히 노력 중이야.
물론 나 역시 멋진 화랑이 되기 위해
열심히 수련한단다.

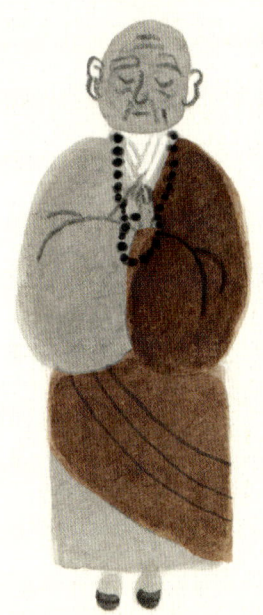

용담

얘들아, 안녕? 내 이름은 용담이야.
대원랑이 이끄는 화랑도에서 낭도로
생활하고 있지.
나는 대원랑을 무척 존경해.
나중에는 대원랑처럼 멋진 화랑이 되어
낭도들을 이끌고 싶어.
그래서 대원랑이 하는 말과 행동을
똑같이 따라 하려고 해.

황룡사의 스님

나는 황룡사의 스님이란다.
내가 머무는 황룡사는 신라에 세워진
절 중에서 가장 크고 화려해.
평소 황룡사에서 부처님을 섬기고
몸과 마음을 수련하는 일을 하고 있단다.
또 대원랑에게 무슨 일이 있으면
문제의 실마리를 찾는 걸 도와주기도 하지.

도마, 서라벌로 떠나다

처용인이 사라졌다

정신을 차리고 보니, 색다른 곳이 눈앞에 펼쳐졌어요. 분명 잠들려고 침대에 누웠는데, 어찌 된 일인지 침대 위가 아니었어요.

'여긴 어디지?'

도마는 주위를 둘러보았어요. 옷차림과 생김새가 낯선 사람들이 지나다녔어요. 도마는 서둘러 자신이 입고 있는 옷을 살폈어요. 조금 전과 달리 한복처럼 생긴 옷을 입고 있었지요. 도마는 지나가는 사람에게 여기가 어딘지 물었어요. 그랬더니 이상한 눈으로 도마를 아래위로 훑어보더니 혀를 끌끌 차면서 대답했어요.

> **신라의 옛 이름은?**
>
> 신라는 진한의 열두 나라 가운데 하나였던 사로국에서 시작되었어요. 처음에는 서라벌이라고 불렸어요. 서라벌은 수도 이름이면서 나라 이름이기도 해요. '성스러운 나라'라는 뜻으로, 여기에서 '서울'이라는 말이 나왔답니다.

"서라벌 아니냐. 어린아이가 더위를 먹은 거냐."

도마는 그제서야 자신이 옛 경주, 그러니까 서라벌로 시간 여행 온 것을 깨달았어요. 이 모든 상황이 낯설고 두려웠지만 한편으로는 설레기도 했어요.

'이왕 이렇게 된 거 서라벌 구경이나 실컷 하는 거야.'

도마는 선생님께서 나눠 주신 지도를 꼭 쥐고 힘차게 발걸음을 옮겼어요.

도마가 처음 마주한 곳은 동시였어요. 동시는 서라벌 동쪽에 있는 큰 시장이었지요. 큰 시장답게 길가에는 화려한 비단옷을 입고 가죽신을 신은 사람들이 바삐 오갔어요.

"우아, 맛있겠다."

떡, 과자, 과일 등 먹고 싶은 게 너무 많았지만 도마에게는 돈이 한 푼도 없었어요. 도마는 지도에만 의지한 채 터벅터벅 걸었어요. 그때 젊은이 한 무리가 휘리릭 지나갔어요.

'진짜 멋있다!'

시장과 무역이 발달한 신라

동시는 서라벌 동쪽에 있는 큰 시장이였어요. 인삼, 놋그릇, 비단, 향료, 유리 그릇 등 다양한 물건들이 있어서 외국의 상인들까지 몰려들었지요. 나중에는 서라벌 서쪽과 남쪽에 각각 서시와 남시도 생겼어요.

도마는 배고픔을 잊고 넋을 놓은 채 쳐다보았어요. 무리의 대장처럼 보이는 사람이 말 위에 앉아 있고, 그의 부하 중 한 명이 말에서 뛰어내렸어요. 그러고는 사거리에 있는 기와집 벽에 방을 붙였어요. 사람들은 방을 보기 위해 몰려들었지요. 도마도 그 틈에 끼여 방을 보았어요.

어젯밤 월성 금고에 보관 중이던 처용인이 사라졌다.
처용인은 신라 사람들을 역병에서 구해 준 보물이다.
그것을 찾아내는 사람은 두품*을 한 단계 높여 주고,
임금님께서 소원 한 가지를 들어줄 것이다.

*신라 시대의 신분 계급이에요.

도마는 도무지 무슨 말인지 몰랐어요.

"처용인이 사라졌다는 게 무슨 말인가요?"

흰 수염을 길게 늘어뜨린 노인이 도마를 훑어보더니 대답했어요.

"어린 녀석이라 잘 모르는가 보구나. 처용인은 벼락 맞은 대추나무에 처용의 얼굴을 새긴 도장이란다."

"그 도장이 중요해요? 처용은 또 누구예요?"

"처용을 모른단 말이냐? 너희 집 대문에 처용 얼굴이 그려져 있지 않은 거냐?"

도마가 우물쭈물하자 노인은 도마를 부모 없는 아이로 착각하고 불쌍하게 보았어요. 그러고는 처용에 대해서 이야기를 해 주었지요.

"아주 먼 옛날, 헌강왕이 바닷가에 나갔다가 용왕과 일곱 아들을 만났단다. 헌강왕은 일곱 아들 중 처용이란 아이만 데리고 서라벌로 돌아왔고, 처용은 헌강왕 덕분에 벼슬도 하고 아름다운 여인과 결혼도 하게 되었지. 그러던 어느 날, 처용이 밤늦게 집에 돌아왔는데 자신의 아내가 역신과 한 이불을 덮고 있는 걸 보게 되었단다. 이 모습을 보고 나서 처용은 어떻게 했을까?"

"화를 내면서 둘 다 내쫓았을 것 같아요."

"아니, 전혀 화내지 않았단다. 대신 자신의 마음을 춤과 노래로 표현했어. 역신은 그런 모습에 감동하고, 앞으로는 처용 얼굴만 봐도 멀리 달아나겠다고 약속했지. 그 뒤로 사람들은 처용 얼굴을 대문에 그려 놓으면, 병이나 나쁜 일들이 물러간다고 믿게 되었단다."

"처용인은 사람들을 지켜 주는 소중한 보물이군요."

"그렇고 말고. 보물 중의 보물이지."

도마는 고개를 끄덕였어요.

"콜록, 콜록."

옆에 있던 과일 장수가 갑자기 기침을 했어요. 사람들이 놀라서 뒤로 멀찍이 물러났지요.

"자네, 역병에 걸린 거 아냐?"

"떽! 이 사람아. 사레가 들린 것 뿐이라고."

과일 장수는 양손을 휘휘 내저었어요.

주변에 있던 사람들이 그 모습을 보고 모두 웃었어요. 그런데 도마는 꽤나 심각했어요.

"사라진 처용인을 찾고 싶은 거냐?"

노인의 물음에 도마는 머뭇거렸어요.

"한번 찾아보지 그러냐?"

"제가 할 수 있을까요?"

"그야 모르지. 다만 용맹한 녀석 같으니 찾을 것도 같구나."

"정말요? 무엇부터 해야 할까요?"

"저기 화랑들을 따라가 보렴."

신라의 특별한 단체, 화랑

고구려와 백제에는 없고 신라에만 있었던 특별한 단체가 있어요. 바로 화랑이에요. 화랑의 '화'는 '꽃 화(花)', '랑'은 '사내 랑(郎)'을 써서 '꽃처럼 아름다운 남자'를 가리키지요. 신라는 대개 15세에서 18세까지의 귀족 남자들을 화랑으로 모집하여 몸과 마음을 수련시켰어요. 화랑들은 세속 오계를 몸소 실천하며 훌륭한 인재로 성장하였어요.

노인은 옅은 미소를 건네며 시장 밖으로 사라졌어요.

'저 무리가 화랑들이라고?'

화랑들은 사람들이 모일만 한 곳마다 멈추어 방을 붙였어요. 도마는 그 뒤를 살금살금 따라갔지요.

잠시 후 화랑들은 울창한 숲 앞에서 걸음을 멈췄어요. 느티나무와 버드나무가 우거져서 신비한 기운이 감도는 곳이었지요. 도마는 마침 그곳을 지나가던 아저씨를 붙잡고 물었어요.

"저긴 어떤 곳인가요?"

"김알지가 태어난 계림이란다."

계림(사적 제19호)

신라 김 씨 왕들의 시조인 김알지가 태어난 곳이에요. 탈해 이사금 때 호공이라는 사람이 살았는데, 새벽에 하늘에서 빛 한 줄기가 서쪽 숲으로 쏟아지는 걸 보았어요. 숲으로 가 보니 흰 닭이 나무 아래에서 울고 있었고, 나뭇가지 위에는 황금 궤짝이 걸려 있었어요. 그리고 그 안에는 사내아이가 있었지요. 임금은 황금 궤짝에서 나온 아기라 하여 '김알지'라 이름 짓고, 흰 닭이 우는 숲이라 하여 '계림'이라 불렀어요.

김알지가 태어난 곳이라고?

　아저씨는 친절하게도 김알지의 탄생과 계림에 얽힌 이야기를 들려주었어요.
　아저씨가 이야기를 하는 사이에 화랑의 무리 중 하나가 계림 담장에 방을 붙였어요. 그런 뒤에 어디론가 또 달려갔지요. 도마는 놓칠세라 서둘러 화랑들을 뒤쫓았어요. 아저씨는 그런 줄도 모르고 자기 이야기에 빠져 눈을 감고 신나게 떠들어 댔지요.
　화랑들은 황룡사 앞에 이르러 말에서 내렸어요. 도마도 언젠가 본 적 있는 곳이었어요. 황룡사는 크고 화려했어요. 도마가 멀찍이 물러서서 황룡사의 웅장함에 감탄하고 있을 무렵, 스님 한 분이 금당문 밖으로 나왔어요.
　"대원랑, 여기까지 오느라 고생했구먼."
　'대장처럼 보이는 저 사람이 대원랑이구나.'

스님은 대원랑과 낭도들을 절 뒤편에 있는 방으로 데려갔어요. 도마도 몰래 쫓아가 방 안에서 흘러나오는 이야기에 귀 기울였지요. 그때 방문이 벌컥 열리더니 한 낭도가 튀어나와 도마의 귀를 사정없이 잡아당겼어요.

"네 놈은 누구냐?"

"으악, 아파요."

"용담, 그만해."

대원랑이 나서서 말리자 용담이 도마를 놓아주었어요.

"왜 우리 대화를 몰래 듣고 있는 거냐?"

도마는 솔직하게 이야기했어요.

"화랑도에 들어가서 처용인을 찾고 싶습니다."

도마의 눈빛은 매우 간절했어요. 그 눈빛을 본 스님이 고개를 끄덕이며 말했어요.

"대원랑, 저 아이를 낭도로 들이거라. 눈빛에서 진심이 느껴지는구나."

"스님 뜻대로 하겠습니다."

스님은 흡족하게 웃었고, 도마도 그제서야 긴장을 풀었어요.

"처용인을 훔쳐간 자는 역신이다. 역신이라 해도 처용인을 함부로 깨뜨릴 수 없을 거야. 분명 어딘가에 숨기려 할 거야. 그러니 서둘러 역신의 뒤를 쫓아야 해. 처용인을 되찾을 수 있는 사람은 화랑밖에 없다는 부처님의 말씀이 있었다."

도마와 화랑들은 스님에게 큰절을 올리고 밖으로 나왔어요. 그러고는 황룡사 앞에 세워진 구층 목탑 앞으로 모였지요.

도마는 목을 뒤로 한껏 젖히고 하늘 높이 솟은 구층 목탑을 올려다보았

황룡사 구층 목탑

어요. 몇 년 전 경주에 왔을 때 모형으로 보긴 했지만 이렇게 실제 모습을 보니 신기할 따름이었어요. 용담은 입 벌리고 목탑을 우러러 보는 도마의 모습이 못마땅한지 핀잔을 주었어요.

"넌 지금 목탑이 눈에 들어오냐?"

"그냥 신기해서……."

도마는 약간 기가 죽었어요.

"신라의 세 가지 보물 가운데 하나를 보았으니 신기하겠지. 용담, 도마는 아무것도 모르니 잘 챙겨 줘."

대원랑 덕분에 도마는 이내 기분이 좋아졌어요.

황룡사지 (사적 제6호)

황룡사가 있던 터예요. 황룡사는 진흥왕 때 짓기 시작해서 선덕 여왕 때 완성하였어요. 황룡이 나타났다고 해서 황룡사라 이름 붙였어요. 선덕 여왕은 황룡사를 완성하면서 구층 목탑도 함께 세웠어요. '9'는 신라를 위협하는 아홉 나라인 말갈, 왜, 고구려 등을 가리켜요. 고려 시대 때, 몽골의 침입으로 불에 타 버리는 바람에 지금은 흔적만 남아 있어요.

"대원랑!"

멀리서 대원랑을 부르는 소리에 모두 고개를 돌렸어요. 또 다른 화랑의 무리가 다가오고 있었지요. 대원랑이 공손히 인사를 건넸어요.

"서호랑 형님! 안녕하세요."

"처용인을 찾으러 다닌다지?"

"형님도 들으셨군요? 우리 힘을 합쳐 함께 찾으면 어떨까요?"

서호랑은 고개를 내저었어요.

"내가 너 같은 애송이와 왜 공을 나눠야 하지? 너희들 없이도 처용인을 찾을 수 있어."

도마는 처음 본 서호랑이 얄미웠어요. 주먹 한 방 날리고 싶었지만 곤란한 상황을 만들고 싶지 않아서 꾹 참았지요.

서호랑의 무리가 돌아간 뒤에 대원랑이 낭도들에게 말했어요.

"역신은 악한 신이지만 절대로 제멋대로 행동하지 않아."

도마가 물었어요.

"역신이 제멋대로 행동하지 않는다는 걸 어떻게 알죠?"

"역신을 섬기는 사람들이 있거든. 그래서 최소한 신답게 행동할 수 밖에 없어. 그러니 분명 어떤 규칙에 따라 움직일 거야. 그 규칙을 알아내면 금

방 찾을 수 있을 거고."

그때 도마가 무릎을 탁 쳤어요.

"스님, 처용인을 찾을 수 있는 사람은 오직 화랑뿐이라고 하셨죠?"

"그렇지."

"그럼 화랑들에게 가장 중요한 게 뭔가요?"

"세속 오계 아니겠느냐."

"세속 오계요?"

"세속 오계는 원광 법사가 화랑에게 전해 준 다섯 가지 교훈이란다. 임금을 섬길 때 충성을 다해야 한다는 사군이충(事君以忠), 부모를 섬길 때 효를 다해야 한다는 사친이효(事親以孝), 벗을 믿음으로 사귀어야 한다는 교우이신(交友以信), 전쟁에서 용감하게 물러나지 않아야 한다는 임전무퇴(臨戰無退), 생명을 해칠 때 가려서 없애야 한다는 살생유택(殺生有擇)이 그것들이지."

"그럼 세속 오계와 관련된 곳을 찾아다니면 어떨까요?"

듣고 있던 용담이 성을 냈어요.

"네가 뭘 안다고 자꾸 나서는 거야?"

도마는 약간 멈칫했지만 확신에 찬 표정을 지었지요. 그 눈빛을 본 스님이 말했어요.

"아니다. 도마의 의견에 일리가 있구나. 세속 오계 가운데 첫 번째가 무엇이냐?"

대원랑과 낭도들이 대답했어요.

"사군이충입니다."

"사군이충과 관련된 곳이 어디라고 생각하느냐?"

스님의 물음에 다들 머뭇거렸어요. 그때 도마가 대답했어요.

"궁궐과 왕릉 아닐까요? 살아 계신 임금이 머무는 궁궐과 돌아가신 임금이 잠든 왕릉 말이에요."

스님은 고개를 끄덕였어요. 도마는 용담을 향해 보란 듯이 턱을 치켜들고 우쭐거렸지요.

"낭도들은 들어라. 우리는 처용인을 찾기 위해 가장 먼저 월성으로 갈 것이다."

대원랑이 주먹을 불끈 쥐자 낭도들이 함성을 질렀어요. 그러고는 깃발을 앞세워 힘차게 월성으로 달려갔어요

신라 천년의 수도, 경주

경주는 사방이 산과 물로 둘러싸인 곳이에요. 동쪽에는 낭산과 동해 바다, 서쪽에는 선도산과 서천, 남쪽에는 남산과 남천, 북쪽에는 소금강산과 북천이 있어요. 신라가 백제와 고구려를 무너뜨리고 삼국을 통일할 수 있었던 것은 적의 침입과 공격으로부터 수도를 안전하게 지킬 수 있었기 때문이에요.

사로국은 어떻게 신라가 되었을까?

진한은 열두 개의 작은 나라가 모여 이루어진 연합국이었어요. 신라는 그 가운데 가장 힘이 센 사로국이라는 작은 나라에서 시작되었지요. 사로국을 다스린 사람들은 양산촌의 알평, 고허촌의 소벌도리, 진지촌의 지백호, 대수촌의 구례마, 가리촌의 지타, 고야촌의 호진이었어요. 여섯 촌장은 하늘에서 보낸 아이인 박혁거세를 임금으로 세우고 어린 박혁거세를 도와 나라의 중요한 일들을 결정했어요. 그러면서 진한의 작은 나라들을 합쳐 나갔고 점차 신라라는 국가의 틀을 갖추기 시작했어요.

신라를 다스리던 성 씨들

연합국에서 시작된 신라는 박 씨, 석 씨, 김 씨 성을 가진 사람들이 돌아가며 왕이 되었어요. 사로국의 여섯 부족을 다스리던 사람들은 귀족이 되어 신라의 지배 세력이 되었지요. 그러나 17대 내물왕이 왕위 세습을 통해 왕의 권한을 강화하기 시작하면서 본격적으로 김 씨가 왕위를 이어 나가기 시작했어요.

최치원이 신라에서 관리가 될 수 없었던 이유는?

골품제는 신라에만 있었던 특유의 신분 제도예요. 왕족인 '골'과 여섯 단계의 '두품'으로 나누어져요. 부모가 모두 왕족이면 성골, 부모 중에 한쪽만 왕족이면 진골이었어요. 그런데 왕은 성골만 될 수 있었지요. 관리는 4두품 이상이면 될 수 있었지만 중요한 관직은 성골만 맡을 수 있었어요. 그래서 6두품 중에 뛰어난 능력을 가지고도 높은 관직에 오를 수 없는 사람들이 꽤 많았어요. 대표적으로 최치원이 있는데, 어린 나이에 중국 당나라의 관리가 되었지만 신라에 돌아와서는 신분의 한계 때문에 관리가 되지 못하고 자신의 뜻을 펼치지 못했어요.

잘 사는 나라, 신라

신라는 바둑판처럼 반듯하게 닦인 계획도시로, 매우 잘 살았어요. 신라의 전성기 때에는 집이 18만 호에 이를 정도였다고 해요. 880년 헌강왕 때는 "백성들의 집이 모두 기와집이었고, 그 기와집이 끊임없이 이어져 있었으며 밥을 지을 때에는 장작이 아니라 숯을 썼다"는 기록이 있어요. 또 신라는 금이 풍부해서 머나먼 아라비아에 황금의 나라로 알려지기도 했어요. 귀족들은 벽과 기둥에 금을 칠하고 금동으로 문고리를 만들었어요. 그러한 집들 중 궁궐 못지않게 사치스러운 귀족의 집을 금입택이라 불렀어요. 금입택이란 '금을 입힌 집'이라는 뜻으로, 당시 35채 넘게 있었다고 해요.

산 임금과 죽은 임금이
머무는 집

사군이충

월성(사적 제16호)

반달을 닮은 궁궐

신라의 궁궐이었던 월성은 땅 모양이 반달과 같아서 반월성이라고도 불려요. 성의 동쪽, 서쪽, 북쪽은 흙과 돌로 쌓았으며, 남쪽은 자연 지형을 그대로 썼어요. 성벽 밑으로는 물이 흐르도록 만든 인공 도랑인 해자가 있고, 동쪽으로는 동궁과 월지로 통했던 문 터가 남아 있어요.

월성은 엄청 화려했어요. 대원랑이 거느린 무리는 월정교를 건너 궁궐로 들어갔어요.
"왜 월성이에요?"
"땅 모양이 반달과 같아서 그렇게 불러. 달 월(月) 자를 써서 말이지."
도마는 궁궐을 감싸고 흐르는 물줄기를 손가락으로 가리켰어요.
"대원랑, 저건 뭔가요?"
"해자란다. 적의 침입을 막기 위해 만든 도랑이지."

이윽고 궁궐 대문이 열리고, 대원랑 무리는 무관의 안내에 따라서 궁궐 구석구석을 살폈어요. 도마는 모든 것이 신기했어요. 그래서 대원랑에게 달려가 묻고 또 물었어요. 그런 모습을 본 용담이 참다못해 소리를 빽 질렀어요.

"대원랑을 자꾸 귀찮게 할래? 너 때문에 정신 사나워서 집중을 못하겠잖아."

"용담, 네 목소리가 더 크구나. 임금께서 머무는 궁궐이니 말과 행동을 각별히 조심해."

용담은 대원랑의 말에 기가 팍 죽었어요. 또 대원랑이 도마 편만 드는 것 같아 샘도 났지요.

대원랑 무리는 월성에서 아무것도 찾지 못한 채 궁궐 밖을 나섰어요.

"이번엔 동궁으로 가자."

동궁은 월성보다 뒤에 지어진 궁궐이었어요. 월성 동쪽에 있어 동궁이라 불렸어요. 대원랑 무리는 동궁으로 향했어요.

"와, 첨성대다."

도마가 갑자기 걸음을 멈추고 흥분하며 말했어요. 그 모습을 본 대원랑이 도마에게 물었어요.

"첨성대를 아니?"

"그럼요. 별자리를 관찰하는 곳이잖아요."

"대단한걸?"

"그런데 왜 별자리를 관찰해야 하나요?"

도마는 첨성대의 생김새는 익숙했지만 첨성대가 만들어진 이유에 대해서는 잘 몰랐어요. 그때 용담이 기다렸다는 듯 나서서 대답했어요.

"무식하긴. 별자리를 살피면 계절의 변화를 정확히 알 수 있어. 농사를 잘 지으려면 계절을 잘 알아야 한다고!"

"그렇구나. 고마워."

도마의 인사에 용담은 얼굴이 화끈거렸어요. 순간 속 좁은 사람이 된 것 같았지요. 대원랑은 둘의 모습이 귀여운지 미소를 지었어요.

첨성대를 좀 더 살펴볼까요?

첨성대는 선덕 여왕 때 천체와 기상을 살피기 위해 만들어졌어요. 위보다 아래가 넓어 무게 중심이 탄탄하고, 돌을 360도 대칭으로 쌓아 올려서 균형을 이뤄요. 이러한 과학적 설계 덕분에 2016년 경주에 5.8도의 큰 지진이 났을 때에도 첨성대는 다행히 큰 피해를 입지 않았어요.

전체 높이는 약 9미터예요.

꼭대기에 놓인 우물 정(井)자 모양의 돌의 각 면은 정확히 동서남북을 가리켜요.

가장 아래 2단과 둥근 기둥의 몸통인 27단, 꼭대기 2단으로 총 31단으로 이루어져 있어요.

네모난 문으로 사람이 드나들 수 있도록 사다리를 걸쳐 놓았던 흔적이 있어요.

돌의 수는 총 362개로, 음력으로 계산한 일 년의 날 수와 같아요.

첨성대(국보 제31호)

동궁과 월지(사적 제18호)

　동궁에 이르자 음악 소리가 크게 들렸어요. 궁궐 문을 지키던 무관이 대원랑에게 다가와 말했어요.

"지금 전하께서는 당나라 사신에게 잔치를 베풀고 계십니다."

"처용인을 찾는 것이 매우 급하네. 동궁 안을 살필 수 있도록 전하께 아뢰어 주게."

　잠시 뒤, 무관이 다시 나왔고 대원랑 무리를 궁궐 안으로 안내했어요. 동궁 역시 크고 화려했어요. 월성이 고풍스러웠다면, 동궁은 깔끔하고 세련되어 보였지요.

　동궁에서 가장 아름다운 곳은 월지였어요. 월지에는 섬 세 개가 떠 있고, 그 주위로 꽃과 나무들이 자라나 있었어요. 또 여러 종류의 새와 동물들이 자유롭게 뛰놀고 있었지요.

여기가 천국이구나!

"마치 꿈을 꾸고 있는 것 같아요."

도마는 월지의 풍경에 한껏 취했어요. 그 사이 대원랑은 낭도들을 거느리고 월지 주변을 뒤졌어요.

"임해전은 동궁의 중심이라 할 수 있는 궁궐이야. 그러니 이곳을 더욱 꼼꼼히 살피도록 해."

대원랑이 임금에게 상황을 전하는 동안 도마와 낭도들은 임해전 곳곳을 살폈어요. 도마도 눈을 크게 뜨고 바닥부터 천장까지 샅샅이 들여다보았지요. 그러나 역신의 흔적을 발견하지 못했어요. 대원랑 무리는 임금에게 절을 올리고 발걸음을 옮겼어요.

"왕릉이 참 많아요."

도마는 대원랑 뒤를 바짝 따라가며 종알거렸어요. 도마 말대로 월성과 동궁 주변에는 수많은 왕릉이 봉긋봉긋 솟아 있었어요. 눈을 돌리는 곳마다 백성들의 집 사이로 커다란 왕릉이 보였지요.

"왜 왕릉을 궁궐 주변에 만들었을까요? 밤이 되면 무서울 것 같아요."

대원랑이 도마에게 말했어요.

"왕릉은 돌아가신 임금의 궁궐과 같아. 가까이 있어야 보고 싶을 때마다 찾아뵐 수 있지."

도마는 대원랑의 가르침에 멋쩍은 듯 머리를 긁적였어요. 그러다 갑자기 한곳을 노려보더니 힘껏 달리기 시작했어요. 대원랑과 낭도들도 도마의 뒤를 바짝 쫓았지요. 도마가 달려간 곳은 미추왕릉이었어요.

"야, 무슨 짓이야?"

도마가 왕릉 위에 올라가려 하자 용담이 크게 소리쳤어요. 그러나 도마는 막무가내로 왕릉을 올랐고, 왕릉 중간에 멈춰 서서 허리춤에 차고 있던 단검을 꺼냈어요. 단검은 화랑도에 합류하면서 황룡사의 스님에게서 받은 것이었어요.

"내 칼을 받아라!"

잔디 사이로 시커먼 뱀 한 마리가 머리를 치켜들자 도마는 단검으로 뱀을 공격했어요. 이 모습을 본 낭도들이 한 목소리로 외쳤어요.

"위험해!"

도마는 낭도들의 외침에도 아랑곳하지 않고 뱀을 향해 단검을 내리쳤어요. 뱀은 날카로운 칼끝을 피했지만 머리에 작은 상처를 입었어요. 그 순간 뱀의 몸에서 검푸른 연기가 피어오르더니 사방으로 퍼져 나갔어요.

"역신이다!"

대원랑이 재빨리 칼을 빼 들고 달려갔어요. 그러는 사이에 역신은 회

미추왕릉
(사적 제175호)

미추왕은 매우 어질고 용맹한 왕이었어요. 미추왕이 죽고 나서 신기한 일이 벌어졌어요. 이서국이 쳐들어왔는데, 귀에 댓잎을 꽂은 군사들이 이서국을 물리치고 신라를 구하였어요. 이서국을 물리친 군사들은 미추왕릉으로 향했고, 그곳에 댓잎이 높이 쌓여 있었다고 해요. 사람들은 미추왕이 댓잎을 군사로 변하게 한 뒤 신라를 구했다고 믿었어요

오리바람을 일으키며 왕릉 너머로 사라지고 말았어요.
"도마는 뱀이 역신인 걸 어떻게 알았니?"
역신이 사라지자 대원랑이 도마의 용감함을 칭찬했어요. 도마는 수줍게 머리를 긁적였어요.
"뭐가 대단해. 소가 뒷걸음질치다 쥐 잡은 격이지."
용담이 혼잣말로 비아냥댔지만 나머지 낭도들은 도마를 향해 환호했어요. 대원랑도 흐뭇하게 도마를 바라보며 말했어요.
"이런 기세라면 충분히 역신을 잡을 수 있을 것 같아. 우리 다 같이 힘내자."

월지에서 나온 보물들

월지는 신라의 수많은 유적 가운데 아름다운 정원으로 유명해요. 이곳에서 나온 유물들만 해도 3만 점이 넘는다고 해요. 과연 어떤 보물들이 나왔을까요?

도장무늬 토기

토기 겉에 화려한 무늬가 새겨진 도장이 찍힌 토기예요. 꽃처럼 아름다운 문양이 찍혔다고 해서 '인화문(印花文) 토기'라고도 불러요. 도장무늬는 신라 사람들이 개발한 창조적인 기법이에요.

▲ 도장무늬 토기

금동 가위

금동 가위는 초나 등잔의 심지를 자르는 데 쓰였어요. 손잡이에는 물고기 무늬와 덩굴 무늬가 새겨져 있어요. 금동 가위와 함께 발견된 등잔은 별다른 무늬 없이 흙으로 빚은 모양이에요.

▲ 금동초심지가위(보물 제1844호)

아궁이 모양 토기

아궁이와 솥, 시루, 뚜껑이 한 벌인 토기예요. 무덤의 껴묻거리로 묻기 위해 만들기도 했지만, 실생활에 쓰기 위해서도 만들었어요. 차를 끓여 먹거나 바깥에서 조리를 할 때 사용했을 것이라 미루어 짐작해요.

▲ 아궁이 모양 토기

금동판 삼존불 좌상(보물 제1475호)

금동판 불상

월지에서 발견된 불상은 삼존불상의 모습을 하고 있어요. 금동판 가운데에는 아미타불이 앉아 있고, 양옆으로 부처를 모시는 협시보살이 서 있어요. 신라 사람들의 불심이 얼마나 깊었는지 알 수 있어요.

와전

월지에서 나온 유물 가운데 가장 많은 것이 와전이에요. 와전은 지붕에 얹는 기와와 막새, 격이 있는 건물 바닥을 장식하는 전돌이에요. 섬세하고 화려한 월지의 와전들은 신라의 주거 문화가 매우 발달했다는 것을 알려 줘요.

연꽃무늬 수막새

주령구

주령구

월지 바닥에서 나온 대표적인 놀이 기구예요. 14면으로 이루어진 나무 주사위로, 높이가 4.8센티미터이지요. 잔치에서 술 마시는 벌칙을 정할 때 쓰이던 도구라서 '주령구'라고 불려요. '여럿이 코 때리기', '소리 없이 춤추기', '크게 웃기', '노래 부르기', '간지럼 태워도 꼼짝하지 않기' 등의 벌칙 내용이 새겨져 있어요. 벌칙이라기보다 흥을 돋우기 위한 놀이라는 것을 알 수 있어요.

나무배

우리나라 최초로 발견된 나무배예요. 배의 길이는 6.2미터, 너비는 1.1미터로 사람이 네 명 정도 탈 수 있는 크기예요. 세 개의 통나무 속을 파고 각각의 바닥을 연결한 형태이지요. 왕과 귀족들이 월지에 배를 띄우며 놀았을 거라고 추측해요.

나무배

신라의 무덤에는 어떤 보물이 숨어 있을까?

무덤을 가리키는 말들은 여러 가지가 있어요. 먼저 왕이나 왕비의 무덤에는 '능(릉)'을 붙이고 왕이 아닌 귀족의 무덤에는 '묘'를 붙여요. 그리고 주인을 모르는 무덤에는 '총'을 붙이는데, 벽화나 금관처럼 유물이 발견된 경우에는 유물의 이름을 따서 불러요.

천마총의 천마도

천마총은 1973년에 발굴된 무덤으로 금관, 마구 등의 보물이 나왔어요. 그중 천마도는 말다래의 앞면에 그려진 그림이에요. 말다래는 말을 탔을 때 진흙이 묻지 않도록 하는 가죽이에요. 순백의 말 한 마리가 하늘로 날아오르는 모습을 볼 수 있어요.

장니 천마도(국보 제207호)

금관총의 금관

금관총은 가장 먼저 금관이 발견된 고분이에요. 똑같은 모양의 금 허리띠와 은 허리띠 한 벌, 금그릇과 은그릇, 금동 투구와 갑옷 장식 등 4만여 점의 유물들이 잔뜩 쏟아져 나왔어요.

금관(국보 제87호)

무덤이 왜 이렇게 많아?

이게 다 보물이야.

기마 인물형 토기 주인상(국보 제91호)

금령총의 기마 인물상

금령총은 1924년에 발굴된 무덤으로, 여기에서 금관과 금 허리띠에 매달린 한 쌍의 금방울(금령)이 발견되어 금령총이라 불려요. 또 말을 탄 주인과 하인을 흙으로 빚은 기마 인물상이 나오기도 했어요. 이를 통해 신라 사람들의 옷차림과 생활 문화를 짐작할 수 있어요.

식리총의 금동 신발

식리총은 금령총과 함께 발굴되었는데, 그 속에서 식리(장례에 쓰는 장식용 신발)가 발견되어 식리총이라 불려요. 발견된 신발은 금으로 만들어졌고, 거북의 등 모양에 여러 괴물들이 새겨진 형태예요.

금동 신발

금제 허리띠(국보 제192호)

황남대총의 허리띠

황남대총은 남쪽과 북쪽의 두 무덤이 호리병처럼 연결된 쌍무덤이에요. 신라의 무덤 중에서 가장 크지요. 북쪽 고분에서 허리띠가 발견되었는데, 그 끝에 '부인대'라는 글씨가 새겨져 있어 여자의 무덤이라 짐작해요. 남쪽 고분에서는 금동관과 긴 칼과 같은 무기가 나와서 남자의 무덤일 거라고 알려져요.

토함산의 신성한 보물들

사친이효

"세속 오계의 두 번째는 사친이효다. 도마야, 어디인지 알겠니?"

도마가 우물쭈물하자 용담이 비웃으며 말했어요.

"당연히 불국사와 석굴암이지. 하긴 네가 뭘 알겠냐."

"용담, 벗을 모욕하는 건 옳지 않아. 화랑으로서 부끄럽지 않니?"

대원랑이 용담을 크게 꾸짖었어요.

"불국사와 석굴암은 김대성이라는 분이 지난 생의 부모님과 이번 생의 부모님을 위해 각각 지은 곳이란다. 그러니 효심과 떼려야 뗄 수 없는 곳이라 할 수 있지."

대원랑이 도마에게 차근차근 설명했어요.

'난 부모님을 위해 뭘 했지?'

도마는 문득 부모님이 떠올랐어요. 자신이 사라진 걸 알고 애태우고 계실 것 같아 걱정되었지요. 얼른 역신을 찾고 집으로 돌아가야겠다는 생각이 들었어요.

"시간이 없어요. 서둘러요."

도마가 앞장서서 달리자 다른 낭도들도 얼떨결에 도마의 뒤를 따랐어요. 용담도 마지못해 어기적어기적 발걸음을 옮겼지요. 그 모습을 본 대원랑이 고함을 질렀어요.

"용담, 어서 뛰지 못해?"

대원랑이 이끄는 화랑도는 토함산으로 달려갔어요. 토함산은 서라벌 동쪽에 있는 가장 높고 험한 산이었어요. 토함산에 이르자 멀리서 불국사가 보였어요.

저길 간다고?

불국사 입구에는 돌로 정교하게 만들어진 계단이 있었고, 그 위에는 대웅전으로 들어가는 자하문이 우뚝 서 있었어요.

"저기 불국사를 받치고 있는 돌벽 보이니? 축대라고 하는 것인데, 축대를 기준으로 위쪽은 부처님의 나라를 가리키고 아래쪽은 인간 세상을 의미해. 그리고 축대 사이에는 청운교와 백운교라는 다리가 있지."

"돌 축대가 마치 불국사를 신고 있는 것처럼 보여요."

이번에는 도마가 반대쪽에 있는 다른 계단을 가리키며 물었어요.

"저 다리는 무엇인가요?"

"연화교와 칠보교란다. 저 다리를 건너 안양문을 지나면 극락전이 나와."

연화교 · 칠보교
(국보 제22호)

인간 세상과 극락 세상을 연결하는 불국사 다리예요. 연꽃과 보석이 가득한 행복한 세상으로 간다는 의미가 담겨 있어요. 이 다리를 건너 안양문으로 들어가면 아미타 부처를 모신 극락전이 나와요.

청운교 · 백운교
(국보 제23호)

인간 세상과 부처 세상을 연결하는 불국사의 다리예요. 이 다리를 건너 자하문으로 들어가면 석가모니 부처를 모신 대웅전이 나와요.

극락전 :
아미타 부처를
모신 법당

연화교・칠보교

대원랑 무리는 청운교와 백운교를 건너 자하문을 지났어요. 그러자 너른 마당이 눈앞에 펼쳐졌고 왼쪽에는 석가탑, 오른쪽에는 다보탑이 우뚝 솟아 있었어요.

"와, 정말 아름다워요. 삼 층으로 된 기와집에 연꽃 지붕을 얹어 놓은 것 같아요."

다보탑에 홀린 도마를 바라보던 용담이 석가탑을 가리키며 말했어요.

"아름답기로는 석가탑이 으뜸이지. 저 완벽한 비율을 봐. 보고 있으면 마음이 편안해져."

"아냐, 다보탑이 최고야. 늠름한 돌사자들을 보라고!"

"뭣들 하는 거야! 어서 안을 살펴야지."

대원랑이 매서운 눈길로 도마와 용담에게 주의를 주었어요. 아웅다웅하던 도마와 용담은 부리나케 주변을 살피기 시작했어요.

불국사에는 크고 작은 전각들이 60개 넘게 있었어요. 낭도들은 모든 곳을 꼼꼼히 살폈지만 이번에도 역신을 찾지 못하고 대웅전 마당으로 돌아왔어요.

"서둘러 석굴암으로 가자."

대원랑의 명령에 낭도들은 불국사를 나와 석굴암이 있는 토함산으로 향했어요. 토함산을 오르는 건 쉽지 않았어요. 아무리 오르고 또 올라도 구불구불한 산길은 끝이 보이지 않았지요. 평소 운동을 게을리하던 도마는 숨이 턱까지 차올랐어요.

"아직 멀었어요?"

도마의 투정 섞인 물음에 용담이 쏘아붙였어요.

다보탑 (국보 제20호)

불국사의 대웅전 마당에 세워진 두 탑 중 동쪽에 있는 탑이에요. 일반적인 형태의 석가탑과 달리 매우 독특하고 화려해요. 통일 신라 시대의 미술이 얼마나 뛰어났는지 보여 줘요.

석가탑 (국보 제21호)

불국사의 대웅전 마당에 세워진 두 탑 중 서쪽에 있는 탑이에요. 통일 신라 시대의 대표적인 석탑 양식을 보여 줘요. 1966년에 탑을 고치던 중, 세계 최고의 목판 인쇄물인 무구 정광 대다라니경이 나왔어요.

"벌써 몇 번째 묻는 거냐? 힘들면 그냥 내려가."

"용담, 도마에게 친절을 베풀라 하지 않았어!"

대원랑이 용담을 꾸짖었어요. 용담은 내키지 않았지만 도마의 등을 밀어 주었어요.

참나무 숲을 지나자 드디어 일주문이 보였어요. 석굴암은 거의 토함산 꼭대기에 있었지요. 일주문 앞에 다다랐을 때 대원랑이 숨을 고르면서 말했어요.

"여기서 잠깐 쉬어 가자꾸나."

낭도들은 땀을 식히기 위해 털썩 자리에 주저앉았어요. 그러고는 산 아래를 내려다보았어요. 산 아래의 집들이 점처럼 작았고, 저 멀리 푸른 동해 바다가 아스라이 펼쳐졌어요.

낭도들은 숨을 고른 뒤에 일주문을 지나 석굴암까지 성큼 올라갔어요. 대원랑은 스님에게 석굴암을 찾아온 이유를 설명했어요. 스님은 서둘러 대원랑 무리를 석굴암 안으로 데려갔어요.

석굴암 입구인 전실에 들어선 도마는 숨이 턱 막혔어요. 전실의 벽은 부처님을 지키는 여덟 장군인 팔부 신중이 새겨져 있었지요. 장군들은 저마

석굴암의 구조와 유물들

석굴암은 크게 전실과 비도, 주실로 이루어져 있어요. 전실은 석굴암 입구로 직사각형 모양이에요. 전실 좌우의 벽에는 부처를 지키는 팔부 신중이 새겨져 있어요. 비도는 전실에서 주실로 가는 통로로, 좌우의 벽에 동서남북을 지키는 신인 사천왕이 새겨져 있어요. 주실은 본존불이 모셔진 공간이에요. 본존불 바로 뒤에는 십일면관음보살이 새겨져 있고, 그 좌우로 십대 제자들이 있어요.

다 칼, 창, 굵은 줄, 구슬 등을 들고 험악한 얼굴을 하고 있었어요. 그리고 전실 끝에는 웃통을 벗은 금강역사상이 양쪽에 버티고 있었지요.

도마는 죄를 지은 것도 아닌데 마치 죄인처럼 구부정한 자세로 전실을 지나 비도로 들어갔어요.

"으악!"

비도 양쪽에 새겨진 사천왕들을 보자마자 도마의 입에서 비명 소리가 절로 터져 나왔어요. 사천왕들은 무서운 얼굴로 발 아래의 마귀들을 짓밟고 있었어요.

'빨리 여길 벗어나고 싶어.'

도마는 자기도 모르게 귀를 틀어막았어요. 마귀들의 신음 소리가 들리는 것 같았지요. 그러나 비도를 지나 주실 가운데에 있는 본존불을 보는 순간, 겁에 질렸던 도마의 마음이 스르르 풀어졌어요. 도마는 본존불에서 눈을 뗄 수 없었어요. 전실과 비도에서 본 무시무시한 얼굴들과 달리 온화하고 자비로운 얼굴이었으니까요.

"어디에 정신 팔고 있는 거야?"

용담이 옆구리를 쿡 찌르는 바람에 도마는 정신이 번쩍 들었어요. 도마는 주실 이곳저곳을 꼼꼼하게 살폈어요. 그러던 중 주실의 천장을 가리키며 외쳤어요.

"앗, 스님! 천장이 깨져 있어요. 역신의 흔적 같아요."

스님이 껄껄 웃었어요.

천개

감실 : 열 개의 불상을 모신 작은 방

본존불

십일면관음보살과 십대 제자

석굴암 석굴(국보 제24호)

금강역사상 : 주실 입구의 양쪽을 지키는 수문장

"천개를 보고 하는 말이구나."

도마가 호들갑을 떨자 용담이 옆구리를 다시 찔렀어요.

"야, 저건 원래 깨져 있던 거야."

도마의 귓불이 발갛게 달아올랐어요. 스님은 귀엽다는 듯 도마를 바라보면서 말을 이었어요.

"조각난 천개에는 예로부터 전해지는 전설이 하나 있단다. 김대성이 석굴암을 만들던 중 천장을 덮으려다가 돌이 그만 세 조각으로 갈라져 버렸어. 김대성은 안타까운 마음에 주저앉아 있다가 깜빡 잠들고 말았지. 그런데 하늘에서 신이 내려와 조각난 돌을 잘 맞춰 천장에 올려 주었단다. 김대성은 신에게 감사 인사를 하려 했지만 신은 서둘러 남쪽 고개를 넘어 사라져 버렸어. 어찌 됐든 김대성은 신의 도움으로 마침내 석굴암을 완성할 수가 있었지."

도마는 스님의 이야기를 들으면서 석굴암을 덮고 있는 깨진 조각들을 올려다보았어요. 그러는 동안 석굴암을 살피던 대원랑이 스님에게 다가왔지요.

"다행히 역신은 석굴암에 오지 않은 듯합니다."

"허허허. 팔부 신중과 사천왕이 지키고 있는데, 역신 따위가 감히 여기가 어디라고 올 수 있겠느냐."

대원랑과 낭도들은 스님의 말에 고개를 끄덕였어요. 도마는 두 손을 가슴에 모으고 본존불을 향해 고개를 숙였어요. 석굴암 밖으로 나가는 길은 들어올 때와 달리 하나도 무섭지 않았어요.

석굴암의 아픔

석굴암은 안타깝게도 일본에 의해 많은 아픔을 겪었어요. 1900년대 일본은 석굴암의 진가를 알아보고 일본으로 가지고 가려 했지만 실패했어요. 이때 일본은 석굴암을 고친다는 핑계로 훼손시켰어요. 석굴암 아래에 흐르던 물길을 잘못 건드리고 콘크리트를 바르는 바람에 석굴암 곳곳에 습기가 차고 이끼가 끼기 시작했지요. 그러자 일본은 이끼를 씻어 내기 위해 뜨거운 증기를 넣었고, 이로 인해 돌이 바스러지고 말았어요. 이후 우리나라는 콘크리트 벽을 보강하는 노력을 했지만 원래 모습으로 되돌리지는 못했어요.

불교의 나라, 신라

산과 물이 신라의 땅을 보호했다면, 백성들의 마음을 지킨 건 불교였어요. 현재 경주에는 200개가 넘는 절이 있어요. 깊은 산속뿐만 아니라 시내 곳곳에 절과 불상, 석탑이 세워져 있지요. 절이 별처럼 흩어져 있고 탑이 기러기 떼처럼 줄지어 있을 만큼 신라는 대표적인 불교의 나라였어요.

불교를 신라에 전한 사람은 누구일까?

눌지 마립간 때 고구려의 스님 묵호자가 불교를 전하러 신라에 찾아왔어요. 마침 눌지 마립간의 딸이 큰 병에 걸렸는데, 묵호자가 부처에게 기도를 올리니 자연스럽게 병이 나았어요. 그 뒤로 눌지 마립간은 묵호자를 높이 평가하고 불교를 받아들였어요.

흰 피가 솟구치고 꽃비가 내리고

불교를 받아들이기 전, 신라 귀족들은 천신을 믿었어요. 여섯 촌장들이 박혁거세를 왕으로 삼은 것도 그가 천신의 아들이라고 생각했기 때문이에요. 그래서 법흥왕이 불교를 국가의 종교로 삼으려 하자 귀족들이 엄청나게 반대했어요. 이때 나타난 사람이 이차돈이에요. 이차돈은 법흥왕에게 자신의 목을 베어 신하들의 반대를 물리치고 뜻을 이루라고 간청했어요. 그러면서 자신이 죽을 때 어마어마한 일이 벌어질 거라 했지요. 결국 법흥왕은 이차돈의 목을 베었고, 그 순간 목에서 흰 피가 하늘 위로 솟구치고 땅이 흔들리더니 하늘에서 꽃비가 내리기 시작했어요. 이를 본 귀족들은 마침내 불교를 국가의 종교로 받아들이게 되었어요.

법흥왕이 공인하고 진흥왕이 널리 퍼뜨리다

법흥왕은 이차돈의 순교 덕분에 불교를 신라의 공식 종교로 삼을 수 있었어요. 법흥왕 뒤를 이은 진흥왕은 불교를 널리 퍼뜨리기 위해 흥륜사를 짓고 각덕이라는 스님을 당나라로 보냈어요. 또 100명의 스님을 모시고 부처의 가르침을 공부하는 백고강좌를 열고 전쟁터에서 죽은 병사들의 넋을 위로하는 팔관회를 치렀어요.

신라의 불교는 호국 불교야

신라 불교의 특징은 호국 불교라는 점이에요. 신라는 부처의 힘에 의지해 나라의 안녕을 기원하고 백성들을 하나로 모으고자 했어요. 또 나라에 큰일이 있을 때마다 절을 짓고 탑을 쌓았으며, 돌에 부처를 새겼어요. 신라가 삼국 통일을 이룰 수 있었던 것도 불교로 백성들의 마음을 모은 덕분이에요.

돌에 새긴 빛나는 우정

교우이신

"이제 어디로 가야 하죠?"

도마의 물음에 낭도들이 한 목소리로 대답했어요.

"우정의 돌로 가자!"

대원랑이 고개를 끄덕였어요.

"그렇지. 세속 오계의 세 번째는 교우이신이야. 우정의 돌은 벗과의 도리를 보여 주는 보물이지."

"우아, 얼른 보고 싶어요."

"쳇! 아양 떨기는."

용담은 자꾸만 나서는 도마가 내키지 않았어요. 불에 탄 땅콩처럼 작고 새까만 녀석이 잘난 체 하는 꼴도 마음에 들지 않았지요.

대원랑 무리는 한달음으로 형산강에 이르렀어요. 우정의 돌을 보려면 석장사로 가야 하는데, 그러려면 형산강을 건너야 했어요. 그런데 강을 건너는 나룻배가 한 척도 보이지 않았어요.

"한시가 급하니 강을 헤엄쳐 건너도록 하자."

대원랑의 외침에 낭도들은 간단히 몸을 풀고 하나둘씩 강으로 뛰어들

임신서기석 (보물 제1411호)

임신년에 새겨진 비석이라고 해서 붙여진 이름이에요. 길이 30센티미터, 너비는 윗부분이 12.5센티미터로, 아래로 갈수록 폭이 좁아지는 형태이지요. 신라의 두 젊은이가 열심히 공부해서 나라에 충성하자는 맹세가 74글자로 새겨져 있어요. 1934년에 경주시 현곡면 금장리 석장사 터 부근에서 발견되었고, 지금은 국립 경주 박물관에 보관되어 있어요.

었어요.

'이럴 줄 알았으면 미리 수영을 배워 두는 건데…….'

수영을 할 줄 모르는 도마가 우물쭈물했어요.

"얘들아, 도마 녀석은 수영을 못 하나 봐. 하하."

용담은 도마를 비웃었어요.

"수영 못하는 게 잘못이냐?"

"화랑이라면 수영 정도는 할 줄 알아야지. 안 그래?"

"그러는 넌 진짜 화랑다운 줄 알아?"

도마와 용담은 주먹을 휘두르며 엎치락덮치락하며 싸우기 시작했어요.

"무슨 짓이야!"

대원랑의 고함소리가 천둥처럼 울렸어요. 흙투성이가 된 둘은 그제서야 싸움을 멈추었어요.

"도마는 수영을 할 줄 몰라?"

"네……."

"그렇다면 용담이 도마를 업고 강을 건너도록 해."

"마, 말도 안 돼요. 쟤를 업고 어떻게 헤엄치란 말씀이세요."

"둘 다 무사히 강을 건너지 못했다간 화랑도에서 쫓겨날 줄 알아."

대원랑의 말이 끝나자 도마와 용담은 대원랑의 눈을 피해 서로를 날카롭게 흘겨보았어요. 그렇다고 마냥 서 있을 수만은 없었어요. 화랑도에서 쫓겨날 것이 두려운 도마는 마지못해 용담의 등에 바싹 달라붙었어요. 용담도 하는 수 없이 도마를 등에 업은 채 강을 헤엄치기 시작했어요.

"너 때문에 이게 무슨 꼴이람."

"먼저 시비를 건 건 너야."

용담과 도마는 강을 건너는 내내 말다툼을 했어요. 다행히 용담과 도마는 무사히 강을 건넜어요.

거친 숨을 몰아쉬며 반대편 강가에 도착한 낭도들은 억새가 너울거리는 길을 지나 가파른 언덕으로 올라갔어요. 그리고 이내 넓고 평평한 땅 위에 우뚝 솟은 석장사에 도착할 수 있었어요.

"저기 우정의 돌이 보여요."

석장사를 지나 반대쪽으로 가던 한 낭도가 크게 소리쳤고, 대원랑과 나머지 낭도들도 그곳을 향해 달려갔어요.

"용담이 비석에 새겨진 글귀를 읽어 볼래?"
용담은 한 글자씩 떠듬떠듬 읽어 내려갔어요.

임신년 6월 16일 두 사람이 함께 맹세하고 쓴다.
3년 동안 나라를 사랑하는 마음과 허물없는 우정을 지킬 것을 맹세한다.
만약 이를 어기면 하늘로부터 큰 벌을 받을 것을 맹세한다.

만약 나라가 불안하고 어지러워도 모름지기 실행할 것을 맹세한다.
앞서 신미년 7월 22일 두 사람은 크게 맹세한 바 있다.
3년 동안 시·상서·예기·전*을 열심히 공부하기로 맹세하였다.

"두 화랑이 임신년에 우정을 약속한 돌이라 하여 임신서기석이라 부른단다. 용담은 어떤 것을 느꼈니?"
"두 화랑의 깊은 우정과 나라를 사랑하는 마음을 느꼈습니다. 그런데 어찌 돌에 새길 생각을 했을까요?"
"용담의 물음에 도마가 대답해 볼래?"
도마는 잠시 생각하더니 이내 입을 열었어요.
"돌에 새겨 두면 우정이 변하지 않을 것 같아요."

잘 지내보자.

그러든지.

*유교 경전인 〈시경〉, 〈상서〉, 〈예기〉, 〈춘추〉를 가리켜요.

"예부터 우리 선조들은 서로의 마음이 변치 않기를 바라면서 그 약속을 돌에 새기곤 했어. 여기 두 사람도 서로를 격려하며 화랑으로서 올바른 길을 가고자 했을 거란다."

도마와 용담은 부끄러워서 제대로 고개를 들 수 없었어요.

"역신이 여기에도 오지 않은 것 같구나. 다 같이 <죽지랑을 위한 노래>를 부르면서 이동하자꾸나."

대원랑의 말에 낭도들이 입을 모아 노래를 부르고 춤을 추기 시작했어요. 특히 용담이 나서서 음악 소리에 맞춰 양팔을 너울너울, 두 발을 사뿐사뿐 움직였어요.

지난 봄을 그리워하니
모든 것이 서럽고 시름겨워 합니다.
아름다움이 나타났던
얼굴에는 주름이 지려 합니다.
눈 깜짝할 사이
만나 볼 기회를 만들겠습니다.
죽지랑이여, 그리운 마음으로 가는 길
어느 밤 다북쑥 우거진 마을에 자 보겠습니까.

죽지랑을 위한 노래

죽지랑은 성품이 따뜻한 화랑이었어요. 자신이 거느린 낭도 중 한 사람인 득오곡이 어려움에 처하자, 술과 음식을 장만해서 따로 도움을 줄 정도였지요. 득오곡은 죽지랑이 세상을 떠나자 그 슬픔을 담아 노래를 지었는데, 그게 바로 향가 <모죽지랑가>예요.

노래와 춤이 끝나자 도마가 열렬히 환호하며 박수를 쳤어요.
"용담, 최고야!"
"그렇게까지 환호할 필요 없어."
"충분히 멋졌어."
"화랑이면 이 정도는 다 해. 노래와 춤, 연주는 기본이야."
"난 진짜 노래 못하는데. 춤도 마찬가지야."
도마는 울상을 지었어요. 그런 도마를 보며 대원랑이 위로하였지요.
"걱정 마. 용담도 처음엔 너와 똑같았어. 곧 실력이 쑥쑥 자랄 거야. 노래는 마음을 평화롭게 하고, 춤은 자연의 기운을 온몸으로 받아들이게 해 준단다."
대원랑의 위로에도 도마는 걱정이 한가득했어요. 그러면서 아무나 화랑이 되는 게 아니라는 걸 느꼈어요.

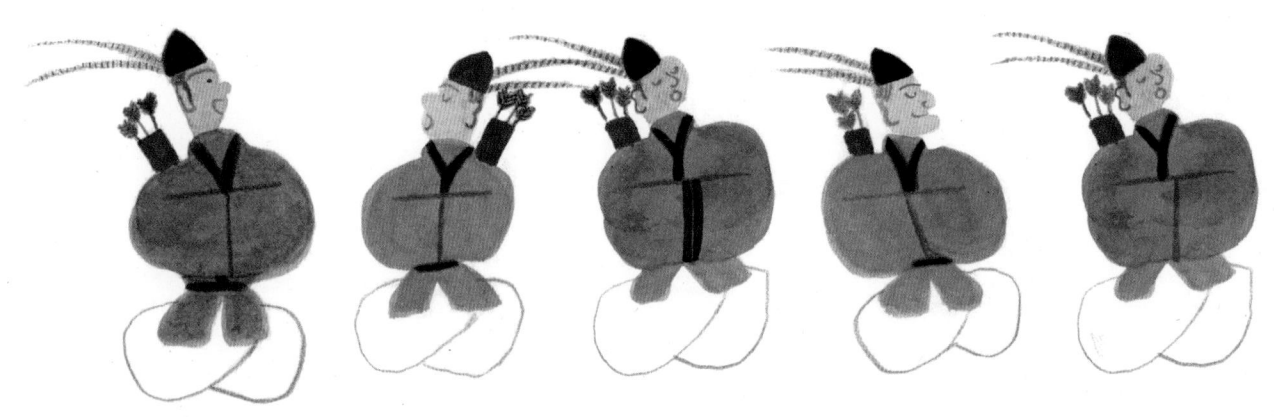

신라의 꽃, 화랑도

화랑도는 신라의 젊은이들이 몸과 마음을 수련하던 조직이에요. 신라의 화랑들은 세속 오계를 기본 덕목으로 삼으며 용감하게 전쟁터로 나가 싸우고 벗과의 우정을 지켰어요. 또 가난한 사람들을 아낌없이 도와주기도 했어요.

원화에서 화랑도로

화랑도는 처음에 원화에서 출발했어요. 원화의 우두머리는 여성이었어요. 원화는 몸과 마음을 수련하며 하늘에 제사 지내는 일을 맡았지요. 원화가 화랑도로 바뀌게 된 건 진흥왕 때예요. 진흥왕 시절, 남모와 준정이라는 원화가 있었어요. 두 사람은 서로의 아름다움을 시기하였는데, 끝내 준정이 질투심을 못 이기고 남모를 죽이고 말았어요. 그 뒤 진흥왕은 우두머리를 남성으로 바꾸고, 이름을 화랑도라고 바꾸었어요.

화랑도의 멤버들

화랑도는 화랑, 낭두, 낭도 세 계층으로 이루어져요. 먼저 화랑은 화랑도의 지도자로, 진골 귀족들만 될 수 있었어요. 가장 높은 화랑은 풍월주였고 화랑 전체를 이끌었지요. 풍월주 아래에는 그를 돕는 부제가 있었어요. 낭두는 낭도의 우두머리로, 화랑과 낭도들을 잇는 역할을 했어요. 화랑도가 하는 일들을 낭정이라 하는데, 낭두는 풍월주의 명령에 따라 낭정을 직접 처리하기도 했어요. 낭도는 화랑도의 중심이 되는 사람들이에요. 평민에서 진골과 두품까지 누구나 낭도가 될 수 있었지요. 풍월주와 부제, 낭두도 처음에는 낭도부터 시작했어요.

화랑도는 주로 무엇을 했을까?

화랑도는 몸과 마음을 닦는 일을 가장 중요하게 생각했어요. 그들은 산천을 돌아다니면서 다양한 경험을 쌓았으며 무예를 닦고 춤과 노래를 배워 나갔어요. 또 학문을 게을리하지 않았지요. 화랑도는 충효를 중요시하는 유교의 가르침, 자연의 순리대로 살라는 도교의 가르침, 생명을 소중히 여기고 선함을 행하라는 불교의 가르침을 두루 익히기 위해 노력했어요.

역사에 이름을 남긴 화랑들

신라를 위기에서 구한 장수들과 나랏일을 하던 관리 중에는 화랑도 출신이 많아요. 대표적으로 삼국 통일에 큰 공을 세운 김유신이 있어요. ≪삼국사기≫와 ≪삼국유사≫에서도 훌륭한 화랑들을 만날 수 있어요. 가야와의 싸움에서 큰 공을 세웠지만 벗이 죽자 슬픔을 못 이겨서 따라 죽은 사다함, 두 번이나 목숨 걸고 백제 군사들과 싸운 관창, 눈먼 어머니를 위해 종노릇을 하던 효녀 지은을 도와준 효종랑 등이 있어요.

신라는 내가 지킨다

임전무퇴

대원랑과 낭도들은 다시 형산강을 건너 토함산까지 한달음에 달려가 추령 고개를 넘었어요. 큰 천을 건너고 들판을 지나 쉬지 않고 계속 달렸지요.

"에구구, 힘들어 죽겠다."

　도마의 입에서 앓는 소리가 절로 나왔지만 다른 낭도들은 아무렇지 않게 잘도 달렸어요. 매일 아침 남산과 토함산을 오르내리며 꾸준히 체력을 단련한 덕분이었지요. 도마는 가쁜 숨을 몰아쉬며 대원랑에게 물었어요.

"우린 지금 어디로 가고 있나요?"

"임전무퇴와 관련 있는 대왕암으로 가고 있단다. 문무왕이 잠드신 곳이지. 대왕암에 대해 알고 있니?"

"그게, 잘……."

문무 대왕릉(사적 제158호)

"신라의 왕들은 대부분 땅에 묻혔단다. 그런데 문무왕은 신라를 지키는 용이 되겠다며 자신을 화장해서 동해 바다에 뿌려 달라고 했어. 동해 바다에 왜적들이 자주 침입해서 백성들이 위험에 빠지는 일들이 많았거든."

"대단한 왕이시군요."

"죽어서도 나라를 지키고자 하신 분이지. 문무왕이 잠든 곳이 바로 대왕암, 그러니까 문무 대왕릉이야."

대원랑은 도마에게 친절히 설명했어요. 그러면서도 낭도들이 잘 따라오는지 하나하나 살폈지요. 쉼 없이 걸어서 다다른 곳은 동해가 보이는 작은 정자였어요.

"여긴 대왕암을 볼 수 있는 이견대란다. 문무왕께서 용의 모습으로 다시 나타난 곳이지. 또 문무왕의 아들인 신문왕께서 신라의 보물인 만파식적을 얻은 곳이기도 해."

"만파식적이 뭐예요?"

"적군을 물리치고 병을 낫게 하고 파도를 잠재우는 피리란다."

나는 피리 부는 사나이.

신라의 보물, 만파식적

신문왕 때, 감포 바다에 거북 머리를 닮은 산이 떠올랐다는 소문이 떠돌았어요. 신문왕은 산의 정체를 살피기 위해 바닷가로 나갔어요. 그런데 갑자기 하늘과 땅이 흔들리면서 굵은 비가 쏟아지기 시작했지요. 비는 일주일 동안 내리다가 그쳤고, 이후 용이 한 마리 나타나더니 검은 대나무를 바치면서 피리를 만들어 불면 세상이 평화로워질 것이라고 말했어요. 신문왕은 그 대나무로 피리를 만든 뒤, 신라에 적군이 쳐들어오거나 어려움에 빠졌을 때 피리를 불어 문제를 해결했다고 해요.

도마는 이견대에 서서 대왕암을 바라보았어요. 계속 보고 있으니 바닷물이 꿈틀거리는 듯했고, 마치 검푸른 바닷속에서 용 한 마리가 솟아오를 것 같았어요.

낭도들은 대원랑의 명령에 따라 이견대와 주변 숲을 꼼꼼히 살폈어요. 하지만 역신은 보이지 않았어요.

"자, 감은사로 가자."

대원랑과 낭도들은 대왕암에 절을 올리고 감은사로 향했어요. 큰 개울을 따라 올라가다 보니 연못 하나가 나왔어요.

"용이 머무는 연못이라 해서 용담이라 한단다."

"문무왕이 나라를 지키기 위해 변신한 용 말이죠?"

대원랑은 고개를 끄덕였어요.

"용담 네 이름과 같아. 새삼 대단해 보이는데?"

도마의 말에 용담은 괜히 우쭐했어요.

감은사지 (사적 제31호)

감은사가 있었던 터예요. 부처의 힘으로 왜구를 물리치려는 마음을 담아 문무왕 때 만들기 시작해서 그의 아들인 신문왕 때 완성되었어요. 아버지인 문무왕의 은혜에 감사한다는 뜻에서 감은사라 이름 붙였어요. 현재는 건물 터와 삼층 석탑 두 기만 남아 있어요.

용담을 지나자 대원랑 무리는 이내 감은사에 도착할 수 있었어요. 대원랑과 낭도들은 감은사의 중문을 지나 금당으로 향했어요. 맨 뒤에 처져 있던 도마도 서둘렀지요.

"와, 탑이 정말 웅장하네요."

도마는 감은사 앞마당에 우뚝 서 있는 석탑을 보고 입을 다물지 못했어요.

"감은사에 있는 두 기의 삼층 석탑은 돌을 하나씩 쌓아 올린 게 아니라 수십 개의 돌을 잘라서 짜맞춘 탑이야."

대원랑은 도마에게 감은사 삼층 석탑에 대해 이야기한 뒤, 주지 스님을 찾아가 상황을 설명했어요. 그러고는 낭도들과 함께 감은사 구석구석을 살피기 시작했지요.

도마는 대원랑의 뒤를 졸졸 따라다니며 부처님을 모신 금당 안을 살폈어요. 그러던 중 도마가 금당 한가운데에 깔아 놓은 돗자리를 밟았고, 아래에서 삐걱거리는 소리가 조그맣게 들렸어요. 도마는 얼른 돗자리를 걷었어요. 놀랍게도 그곳에는 작은 문 하나가 있었어요.

"여기 좀 보세요. 바닥에 이상한 문이 있어요."

대원랑과 주지 스님이 놀라 도마 곁으로 달려왔어요. 그때 도마의 바로 뒤에 있던 용담이 못마땅한 표정을 지으며 말했어요.

"모르면 좀 잠자코 있으면 안 되겠냐?"

도마는 자신이 실수를 한 것 같아 대원랑 얼굴을 쳐다보며 눈을 껌벅였어요.

"금당 아래에는 빈 공간이 있단다. 동해 바다에서 하천을 따라 올라온

감은사지 동·서 삼층 석탑(국보 제112호)

용이 용담을 거쳐 이곳으로 올 수 있어. 여기에 있는 작은 문은 용이 드나드는 통로인 셈이야."

"감은사 금당 바닥에 동해 바다로 이어지는 비밀 통로가 있다는 건 누구나 다 아는 사실이야. 제발 얌전히 굴어."

용담의 다그침에 도마는 잠시 머뭇거리더니 조심스레 입을 열었어요.

"혹시 모르니 금당의 비밀 통로도 샅샅이 살펴야 하지 않을까요?"

"도마의 말에도 일리가 있구나."

감은사지 동 삼층 석탑 사리 장엄구(보물 제1359호)

석가모니 부처나 성자의 유골에서 나오는 구슬 조각인 사리는 사리 장엄구에 넣어 탑 안에 보관해요. 사리 장엄구는 사리병과 사리기, 사리외함으로 구성되어 있어요. 사진은 동탑에서 발견된 사리외함(왼쪽)과 사리기(오른쪽)예요. 감은사지 삼층 석탑에서 발견된 사리 장엄구는 그 모습이 매우 독특하고 화려해서 당시 신라의 공예 기술이 뛰어났음을 보여 줘요.

대원랑이 도마의 의견에 동의하자 한 낭도가 비밀 통로의 문을 들어 올렸어요. 캄캄한 굴이 어스레하게 모습을 드러냈고, 대원랑은 머리를 숙여 통로 안을 살펴보았어요.

"역시나 이곳에도 없구나."

대원랑과 낭도들은 금당 밖으로 나왔어요. 그러고는 삼층 석탑을 바라보았지요.

"역신이 처용인을 석탑 안에 숨기지 않았을까요?"

도마의 말에 용담이 답답하다는 듯 가슴을 두드렸어요.

"조금 전에 내가 뭐라고 했냐?"

"내가 뭘 어쨌다고?"

"탑은 부처님의 사리와 불경을 모시기 위해 세운 거야. 역신이 아무리 간이 크다고 한들 감히 탑 안에 들어갈 생각은 할 수 없다고!"

"알려 줘서 고맙다."

용담은 고맙다는 말을 들었지만 왠지 찜찜했어요. 도마에게 자꾸 당하는 듯한 기분이 들었으니까요. 그런 둘의 모습을 본 대원랑과 낭도들은 크게 웃었어요.

신라, 삼국을 통일하다

신라는 맨 처음 고구려, 백제, 신라 삼국 가운데 가장 별 볼 일 없던 나라였어요. 농사 기술도 뒤떨어졌고, 법을 만들거나 불교를 받아들이는 일도 가장 늦었어요. 이런 신라가 통일의 주역이 될 수 있었던 건 오랜 시간 동안 철저히 통일을 계획하고 준비했기 때문이에요. 신라의 통일 계획은 진흥왕 때에 시작해서 문무왕 때에 비로소 결실을 맺었어요.

통일을 위한 기반을 다지다

진흥왕 척경비(국보 제33호)

한강 유역은 삼국의 중심이자 중국으로 나갈 수 있는 중요한 곳이었어요. 처음에는 고구려 땅이었다가 백제의 땅이 되었고, 진흥왕 때에 신라의 영토가 되었어요. 한강 유역을 차지한 진흥왕은 세력을 넓히기 위해 가야를 공격해서 가야 땅도 점령했어요. 그러면서 척경비를 세워 더 멀리 뻗어 나가겠다는 의지를 드러냈지요. 또 진흥왕은 영토를 넓히는 것과 더불어 화랑도를 통해 인재를 길러 내어 삼국 통일의 기초를 닦았어요.

나당 연합 작전, 당나라와 힘을 합치자

진흥왕 때 한강 유역을 빼앗긴 고구려와 백제는 신라를 끊임없이 괴롭혔어요. 이런 가운데 김춘추는 신라를 구하기 위해 온갖 노력을 했어요. 백제의 공격을 막기 위해 고구려에 가서 군사 원조를 요청하기도 하고, 당나라로 가서 나당 연합 작전을 꾀하기도 했지요. 결국 김춘추는 당나라와 힘을 합쳐 백제를 무너뜨렸어요. 그러나 안타깝게도 삼국 통일의 꿈을 못다 이룬 채 죽고 말았어요.

"죽어서도 신라를 지키겠다"

문무왕은 삼국 통일을 완성하기 위해 온 힘을 쏟았고, 마침내 668년 삼국을 하나로 만들었어요. 뒤이어 백제와 고구려를 다시 일으키려는 세력들을 잠재우고, 신라를 차지하려는 당나라의 공격을 막아 냈지요. 삼국을 완전히 통일하고 당나라 군대를 몰아낸 것은 죽어서도 신라를 지키겠다는 문무왕의 굳은 의지로 가능했어요.

통일 후 신라는 어떻게 달라졌을까?

전쟁이 마무리되자 문무왕은 군대를 다시 정비하고 남쪽에 성을 쌓았어요. 또 무기를 녹여 농기구를 만들어 농사에 쓰도록 하고, 세금을 낮추어 백성들의 살림살이를 안정시켰지요. 문무왕의 아들인 신문왕도 아버지의 업적에 이어 인재를 양성하는 기관인 국학의 역할을 넓히고, 고구려와 백제의 백성들도 신라 군대에 참여할 수 있도록 했어요. 문무왕과 신문왕을 거치면서 신라는 더욱더 발전할 수 있었어요.

남산, 생명이 살아 숨 쉬다

살생유택

"역신은 대체 어디에 있는 걸까?"

낭도들의 어깨가 축 처졌어요. 왕릉에서 역신을 놓친 뒤로 여태 역신의 그림자도 찾지 못했으니까요.

"살생유택과 관련된 곳은 어디일까?"

대원랑의 물음에 낭도들은 선뜻 대답하지 못했어요. 그때 도마가 잠시 머뭇거리더니 손을 살며시 들고 말했어요.

"생명을 소중히 여기는 부처님이 가장 많이 모여 계신 곳 아닐까요? 그렇다면……."

용담이 서둘러 도마의 말을 가로챘어요.

"바로 남산이에요."

대원랑이 미소 지으며 말했어요.

"용담의 말이 그럴듯해."

용담은 도마를 향해 혀를 날름거리며 약을 올렸어요. 그러는 사이 대원랑은 어떻게 움직이면 좋을지 생각했어요. 남산은 워낙 넓어서 하루에 전부 살피는 게 불가능했기 때문이에요.

"아무래도 세 조로 나누어 움직이는 게 좋겠어."

"저는 대원랑을 따라갈게요."

신이 변한 산, 남산

아주 먼 옛날, 새벽에 한 처녀가 냇가에서 빨래를 하고 있었어요. 때마침 남신과 여신이 새로운 땅을 찾고 있었는데, 그 모습을 보고 "저기 산이 걸어간다!"고 소리쳤어요. 그 순간 두 신의 발이 땅에 붙어 버리고 말았어요. 이후 남신은 험한 남산이, 여신은 부드러운 망산이 되었다고 해요.

"저도요."

도마와 용담이 앞다투어 말했어요.

"그럼 난 도마와 용담을 데리고 동남산을 살필게. 원아는 서남산 용장골로 가고 오현이는 나머지 낭도들을 데리고 신선암으로 가봐. 모두 정상에서 만나자."

낭도들은 각자 방향으로 뿔뿔이 흩어졌어요.

"대원랑, 왜 동남산을 택한 거예요?"

용담의 물음에 대원랑이 되물었어요.

"서남산과 동남산 중 어느 곳에 절이 많지?"

"서남산이요."

"역신은 부처님을 두려워해. 그렇다면 어디에 숨으려 할까?"

"아하!"

용담은 그제서야 고개를 끄덕였어요. 도마는 성큼성큼 발걸음을 옮기는 대원랑이 더욱 멋져 보였어요.

대원랑과 용담, 도마는 대나무가 늘어선 산길을 올랐어요. 그리고 곧 남산에서 가장 큰 절인 보리사에 다다랐지요. 보리사의 대웅전 옆에는 어른의 키보다 훌쩍 큰 마애석불이 점잖게 앉아 있었어요. 대원랑은 석불 앞으로 다가가 합장을 하고 절을 올렸어요.

"온화한 미소를 띠고 계시네요."

도마의 말에 용담이 이어 말했어요.

"석굴암의 본존불과 많이 닮았어요."

도마와 용담의 말에 대원랑이 미소를 지었어요. 셋은 보리사 구석구석을 뒤졌지만 역신의 흔적을 찾지 못했어요.

보리사를 나온 대원랑과 용담, 도마는 쉬지 않고 월성 방향으로 발길을 돌렸어요. 산비탈을 오르니 신인사가 나왔고, 신인사 대웅전을 지나 언덕을 타고 다시 오르니 커다란 바위가 떡하니 서 있었어요.

"이게 뭐예요?"

"자세히 보렴."

도마와 용담은 바위 곳곳을 살폈어요.

"부처님이 새겨져 있어요."

"여기에는 사자, 탑도 있어요."

보리사 마애석불

마애석불이란 자연 암벽에 조각한 불상을 가리켜요. 보리사 마애석불은 석굴암의 본존불처럼 온화한 표정을 짓고, 단정한 자세로 명상에 잠긴 모습을 하고 있어요. 부처의 자비로움을 그대로 보여 줘요.

탑곡 마애불상군
(보물 제201호)

바위 네 면에 불교의 모든 세계가 펼쳐져 있는 독특한 바위예요. 불상, 보살상, 사자, 목탑 등 여러 조각들이 새겨져 있지요. 그중 가장 눈길을 끄는 것은 북면에 새겨진 목탑이에요. 불에 타 없어진 황룡사 구층 목탑을 짐작하게 해요.

여긴 뭐가 그려져 있을까?

"이 바위는 탑곡 마애불상군이란다. 바위 하나에 불교 세계가 모두 들어 있지."

용담과 도마는 신기한 듯 손으로 바위를 만졌어요. 그러고는 합장을 한 뒤 또다시 산 정상을 향해 달렸어요. 도마와 용담은 숨이 턱에 닿도록 뛰었어요. 서로 지지 않으려고 앞서거니 뒤서거니 했지요. 대원랑은 걱정이 되어 크게 소리쳤어요.

"얘들아, 산길에서 그렇게 뛰면 위험해."

도마와 용담은 대원랑의 다그침에도 아랑곳하지 않고 쉬지 않고 달려 남산 정상에 도착했어요. 정상에는 이미 오현 일행이 도착해 있었어요. 도마와 용담은 다리에 힘이 풀려 풀썩 주저앉았어요. 용담과 도마를 뒤쫓던 대원랑도 가쁘게 숨을 몰아쉬었지요.

"어서 일어나. 가야 할 곳이 아직 많아."

도마와 용담이 마지못해 일어났어요.

"원아가 늦네. 우리보다 늦을 리가 없는데 이상해."

그때 솔개 한 마리가 대원랑 무리 위로 날아올랐어요.

"역신이에요!"

도마가 솔개를 향해 활을 꺼내 들었어요.

"안 돼! 원아 일행이 위험해."

대원랑의 다급한 외침에 도마는 그만 화살을 떨어뜨리고 말았어요.

"아무래도 무슨 일이 생긴 것 같아. 모두 나를 따라와."

대원랑과 낭도들은 좁은 산길을 내달렸어요. 내리막길이라 위험했지만 속도를 늦출 수 없었어요. 큰 바위를 지나자 용장골로 가는 샛길이 나왔어요. 그때 용담이 손가락으로 솔숲 아래 잔디가 돋은 곳을 가리키며 소리쳤어요.

"저기 좀 보세요."

용담이 가리킨 곳에는 원아 일행이 널브러져 있었어요.

"어서 눈을 떠 봐."

용장사곡 삼층 석탑
(보물 제186호)

남산에서 가장 깊고 큰 골짜기인 용장골에 세워진 높이 약 4.5미터의 석탑이에요. 바위 위에 세워져서 남산의 산봉우리가 일종의 기단 역할을 해요. 탑 아래로 형산강과 함께 드넓게 펼쳐진 평야를 볼 수 있어요.

대원랑이 달려가 낭도들을 흔들었지만 꼼짝하지 않았어요. 오현이 걱정 가득한 목소리로 말했어요.

"혹시 죽은 건 아니겠죠?"

"사악한 마법에 걸린 듯해."

도마가 다급히 물었어요.

"이제 어떻게 하면 좋죠?"

"처용인을 되찾아야 마법이 풀릴 거야. 서둘러 산 아래로 내려가자."

대원랑은 오현 일행에게 쓰러진 낭도들을 업게 하고 산길을 내려갔어요. 멀리 용장골 꼭대기 위에 솟은 용장사곡 삼층 석탑 뒤로 어둠이 내리고 있었어요. 대원랑은 용장사를 지나 약수골로 내려갔어요. 대원랑 무리는 약수골에서 잠시 쉬어 가기로 했지요.

"다들 지쳤을 텐데 목을 축이고 쉬어."

약수골에는 약수가 솟아나고 있었어요. 도마는 정신을 잃은 낭도들을 업고 내려오느라 지친 낭도들에게 약수를 떠다 주기 위해서 물통을 들고 일어섰어요. 그런데 대원랑이 벌써 약수를 떠서 낭도들에게 가져다 주고 있었어요.

'역시 대원랑이야. 낭도들을 살뜰히 챙기다니 멋져.'

약수골에는 어마어마하게 큰 바위가 우뚝 버티고 있었어요. 도마는 바위 곁으로 다가가 자세히 들여다보았어요.

"단순한 바위가 아니라 불상이에요."

"약수골 마애입불상이란다."

도마는 불상을 향해 두 손을 모르고 고개를 숙였어요.

어느덧 해가 뉘엿뉘엿 넘어갔어요. 대원랑은 오현에게 쓰러진 낭도들을 데리고 먼저 황룡사로 가 있으라고 말했어요. 그러고는 도마와 용담을

약수골 마애입불상

용장골과 삼릉골 사이에 있는 거대한 불상이에요. 몸 길이가 무려 8.6미터에 이를 정도로 크지요. 곡선과 직선이 조화롭게 표현된 옷 주름이 놀랄 만큼 아름다워요. 불상 윗면에는 머리를 따로 만들어 올렸던 흔적이 남아 있어요.

비롯한 몇몇 낭도들과 함께 상선암으로 향했어요. 그리고 곧 그곳에서 마애석가여래좌상의 웅장한 모습을 마주할 수 있었어요.

"이 부처님은 정말 잘 생겼어."

"지금 감탄만 하고 있을 때냐?"

용담은 도마의 귀를 잡아끌고 산 아래로 내려갔어요. 산자락을 타고 한참을 내려왔더니 삼릉골이 나왔어요. 삼릉골은 남산의 수많은 골짜기 가운데 불상이 가장 많은 곳이었지요. 불상을 만날 때마다 도마는 걸음을 멈추었어요. 그때마다 용담이 도마를 손을 잡아끌었어요.

삼릉골에서 내려오자 날이 어둑어둑했어요. 대원랑은 월성 쪽으로 발걸음을 돌리며 말했어요.

"우리가 처음 출발했던 황룡사로 가자."

"포석정을 지나치실 건가요? 혹시 그곳에 처용인이 있을지도 모르잖

포석정지
(사적 제1호)

통일 신라 시대에 왕과 귀족들이 술을 마시고 풍류를 즐기던 곳이에요. 구불구불한 도랑에 술잔을 띄우고 물길을 따라 흐르다가 멈추는 곳에 있는 사람이 술잔을 들고 시를 지으며 놀았다고 해요. 지금은 정자는 없고 물길만 남아 있어요.

아요?"

"용담 네 말대로 포석정도 살피고 가는 게 좋겠어."

날이 완전히 저물어 앞이 캄캄했어요. 대원랑 무리는 횃불을 앞세워 소나무와 느티나무가 우거진 포석정을 샅샅이 살폈어요. 포석정에는 남산 계곡에서 흘러나온 물이 큰 대나무 관을 통과하여 쏟아져 흐르고 있었지요.

"용담, 이것 봐! 물이 뱅뱅 돌아."

"놀러 왔냐? 처용인을 빨리 찾아야 낭도들을 구할 거 아냐!"

도마는 용담의 말에 좀 머쓱했지만 아무도 모르게 물 위에 나뭇잎을 살짝 띄웠어요. 나뭇잎은 물줄기를 따라 유유히 도랑으로 흘러갔어요.

신라의 역사를 간직한 남산

남산은 경주 남쪽에 있는 산으로, 예부터 신라 사람들은 남산을 신성하게 여겼어요. 크게 동남산과 서남산으로 나뉘는데, 동남산은 높고 가파르고 서남산은 길고 나지막해요. 남산은 자연 경관이 빼어날 뿐 아니라 신라의 보물들을 많이 간직하고 있어서 남산에 올라가 보지 않고는 경주를 다녀왔다고 할 수 없다는 말이 있어요.

범상치 않은 우물, 나정

나정은 서남산 기슭에 있는 우물로, 신라의 시조 박혁거세가 태어난 전설을 간직하고 있어요. 신라가 세워지기 전 사로국의 촌장들이 모여 왕을 내려 달라는 제사를 지냈는데, 그때 하늘에서 나정을 비췄어요. 그곳에는 흰 말이 알을 향해 절을 하고 있었고, 그 알에서 사내아이가 나왔어요. 촌장들은 박 같은 알에서 나왔다고 해서 성을 '박', 몸에서 빛이 났다고 해서 이름을 '혁거세'라고 지었어요.

나정(사적 제245호)

골짜기마다 부처가 있는 이유는?

남산을 위에서 내려다보면 부처의 손 모양을 하고 있어요. 신라 사람들은 부처의 가르침을 따라 극락에 이르길 바랐어요. 그래서 남산 골짜기 구석구석에 그러한 바람을 담아 절을 짓고, 바위에 부처를 새기고 탑을 쌓아 올렸어요. 남산 어디서나 부처를 만날 수 있는 것은 바로 이러한 이유 때문이에요. 지금도 남산을 오르면 골짜기마다 부처와 탑들을 쉽게 만날 수 있어요.

포석정, 신라의 마지막을 함께하다

포석정에서는 중요한 사건들이 많이 일어났어요. 일례로 헌강왕 때 만들어진 가면무는 포석정에서 시작되었어요. 헌강왕이 신하들을 데리고 포석정에서 술을 마시고 노래와 춤을 즐기고 있었어요. 그때 남산의 신이 나타나 춤을 추었는데, 신하들의 눈에는 보이지 않고 왕의 눈에만 보였다고 해요. 헌강왕은 신을 따라 춤을 추었고, 춤 이름을 '상염무'라고 불렀어요.

포석정은 비극적인 역사의 현장이기도 했어요. 927년 겨울, 경애왕이 포석정에서 신하들과 연회를 즐기고 있었는데 후백제의 견훤이 쳐들어왔어요. 경애왕과 신하들은 견훤의 군사들에게 목숨을 잃었고, 그로 인해 신라의 멸망이 앞당겨지고 말았지요. 지금은 포석정은 사라지고 물줄기가 흐르던 수로인 곡수거만 남아 있어요. 이것마저도 일제 강점기에 훼손되어 본래의 모습을 잃고 말았어요.

멋진 화랑이
되었어

> 떡볶이, 피자...

남산을 벗어나자 밤이 되었어요. 집집마다 밥 짓는 냄새가 솔솔 풍겼지요. 도마 배 속에서 꼬르륵 소리가 크게 울렸어요.

'배고파. 물이라도 마셔야겠다.'

낭도들은 대원랑을 따라 황룡사로 들어갔지만 도마는 몰래 분황사로 향했어요. 용담에게서 분황사 우물의 물맛이 좋다는 소리를 들었기 때문이에요. 도마는 황룡사와 담장 하나를 사이에 두고 있는 분황사로 들어갔어요. 마당으로 들어서자 커다란 석탑이 보였고, 도마는 대웅전을 지나 뒤뜰에 있는 우물로 곧장 달려갔어요.

"떽!"

도마는 벼락 같은 큰 소리에 화들짝 놀라 뒤돌았어요. 젊은 스님이 성난 얼굴로 도마를 쏘아보고 있었지요.

"이건 스님들이 쓰시는 우물이다! 담장 너머에도 우물이 있으니 거기로 가거라."

도마는 쪽문을 지나 담장 너머로 갔어요. 그곳에는 키가 큰 버드나무 아래에 작은 돌을 둥글게 쌓아 올린 우물이 있었어요.

분황사 우물에 용이 산다고?

분황사에는 '삼룡변어정'이라는 우물이 있어요. 안 틀은 원형이고 바깥 틀은 팔각형으로 된 돌 우물이지요. 예로부터 이 우물에는 나라를 지키는 세 마리의 용이 살고 있다고 해요. 원성왕 때에 당나라 사신이 우물의 세 마리 용을 물고기로 변하게 하여 훔쳐 갔다가, 원성왕이 직접 쫓아가 다시 찾아왔다는 이야기가 전해 내려와요.

분황사 모전석탑을 좀 더 살펴볼까요?

분황사는 선덕 여왕 때 지어진 절로, 고려 시대 때 몽골의 침입과 조선 시대 때 임진왜란을 거치면서 모두 없어지고 현재는 석탑과 비석, 석등만 남아 있어요. 분황사 모전석탑은 돌을 벽돌처럼 잘라 쌓은 탑이에요. 임진왜란 때 부서진 바람에 3층까지만 남았지만, 원래는 9층이었을 것이라 짐작해요.

분황사 모전석탑(국보 제30호)

- 돌을 벽돌 모양으로 다듬어 쌓아 올린 모습이에요.
- 지붕돌은 계단식 모양으로 층을 이루고 있어요.
- 1층 네 면에는 감실을 만들어 두었어요.
- 감실 입구 양쪽에 인왕상이 세워져 있어요.
- 네 모퉁이마다 화강암으로 조각된 사자상이 앉아 있어요.

분황사 석정

"이제 물을 좀 마셔 볼까?"

도마가 우물로 다가서는 그때, 길게 늘어진 나뭇가지에서 주먹만 한 큰 거미가 꿈틀거렸어요. 도마가 빤히 쳐다보자 거미는 그대로 멈추더니 천천히 뒤로 물러났어요. 그러더니 이내 거미가 모습을 감추었고, 갑자기 나뭇가지가 심하게 흔들리기 시작했어요.

'보통 거미가 아닌 게 분명해.'

도마는 급히 활시위를 당겼어요. 거미는 잽싸게 화살을 피해 날아오르더니 까마귀로 변했어요. 그러고는 우물가에 앉아 도마를 노려보았어요.

"역신이야!"

도마가 까마귀를 향해 힘껏 화살을 날렸어요. 까마귀는 훌쩍 날아올랐다가 다시 우물 위로 사뿐히 앉았어요. 마치 도마를 약 올리려고 작정한 듯 보였지요. 도마는 슬며시 단검을 빼어 들었어요. 혼자서 역신과 맞서는 것이 두려웠어요. 하지만 지금 역신을 물리치지 못하면 원아와 낭도들을 구할 수 없을 것 같아 용기를 냈어요.

"까옥."

섬뜩한 울음소리가 사방으로 울려 퍼졌어요. 까마귀는 우물가에서 꼼짝하지 않았지요.

"역신아, 내 칼을 받아라!"

도마는 까마귀를 향해 단검을 힘껏 내리쳤어요. 공중으로 솟구쳐 오른 까마귀의 검은 깃털이 사방으로 흩어졌어요. 도마는 순간 중심을 잃고 우물 속으로 떨어지고 말았어요.

"으악, 살려 줘."

도마는 우물 속으로 깊이 빠졌어요. 우물에서 빠져나가기 위해 힘껏 발버둥쳤지만 그럴수록 점점 더 깊이 암흑 속으로 빠지는 것 같았어요. 도마는 마지막으로 온 힘을 다해 소리쳤어요.

"도마야, 왜 이렇게 식은땀을 흘리면서 자는 거야."

"으윽."

도마는 자신을 부르는 소리에 겨우 눈을 떴어요. 그리고 엄마를 보자마자 와락 끌어안았지요.

"엄마, 나 살아 있는 거 맞죠?"

"얘가 왜 이래. 얼른 준비해야지. 이러다 늦겠어."

도마는 정신을 차리고 주변을 살폈어요. 우물에 빠진 줄 알았는데 다행히 자기 방 안에 있었어요.

'꿈을 꾼 건가?'

도마는 침대 한편에 놓인 경주 지도를 들여다보았어요.

'역신은 어떻게 된 거지? 처용인은 찾았나?'

머릿속이 뒤죽박죽 뒤엉켰어요.

"도마야, 서둘러."

엄마가 재촉하는 소리에 도마는 부랴부랴 필기구와 물통을 가방 안에 넣었어요. 또 경주 지도도 함께 넣었지요. 꿈이었는지 정말 시간 여행을 다녀온 건지 모르겠지만 잠시라도 화랑이 될 수 있어서 뿌듯했어요.

'대원랑이랑 용담, 나머지 낭도들을 보기 위해 다시 한 번 신라로 여행 가고 싶다.'

경주가 품은 일곱 번째 이야기

신라가 멸망한 뒤 경주는 어떻게 되었을까?

신라가 멸망한 뒤 경주는 고려 시대에 이르러 동경이라 불렸어요. 동경은 고려의 수도인 개경, 고구려의 수도인 서경과 함께 고려의 삼경으로 꼽혔지요. 그 덕분에 신라의 수많은 보물들이 고스란히 보존될 수 있었어요.

경순왕, 경주의 사심관이 되다

왕건은 후백제의 견훤과 후고구려의 궁예를 무찌르기 위해 지방 호족들의 도움을 받아 고려를 세웠어요. 그런 뒤에 호족들을 사심관으로 임명해 그 지방을 다스릴 수 있는 권한을 주었지요. 사심관 제도는 호족들의 마음을 어르고 달램으로써 왕권을 유지하는 데에 큰 도움이 되었어요. 당시 경주의 사심관은 경순왕이었어요. 덕분에 경순왕의 후손들이 고려의 중심 세력으로 자리잡을 수 있었어요.

김부식 대 묘청

고려 인종 시절, 경주를 대표하는 인물은 김부식이었어요. 당시 서경파의 묘청이라는 스님은 고려의 수도를 옛 고구려의 수도인 서경으로 옮겨야 한다고 주장했어요. 이에 김부식은 강하게 반대했고, 결국 인종은 수도를 옮기지 않기로 했어요. 묘청은 개경의 귀족들을 몰아내기 위해 반란을 일으켰지만, 김부식에 의해 곧 진압되고 말았어요.

경주가 몰락하다

고려 중기에 이르자 무신들은 문신과의 차별에 못 이겨 반란을 일으켰어요. 문신들이 나라의 높고 중요한 벼슬을 비롯해서 재물과 땅을 대부분 차지했기 때문이에요. 반란 초기에 경주에서 태어난 이의민이란 무신이 권력을 잡았으나, 얼마 못 가 또 다른 무신인 최충헌이 정권을 차지했어요. 그 후 경주는 고려의 삼경에서 지방의 소도시로 밀려났고, 경주 출신의 사람들은 더 이상 높은 벼슬에 오를 기회를 잃고 말았어요.

경주, 인재를 배출하다

조선은 유교를 떠받들고 불교를 억누르는 나라였어요. 그래서 신라의 수도였던 경주는 더욱 소외될 수밖에 없었지요. 대신 수많은 시인과 학자들이 찾아오는 곳이 되었어요. 우리나라 최초의 소설인 《금오신화》를 쓴 김시습과 《동국여지승람》을 편찬한 서거정이 경주를 찾았던 문인들이에요. 한편 경주의 선비들은 성리학을 갈고닦아 경주를 유학의 도시로 바꾸어 나갔어요. 그 덕분에 이언적과 같은 훌륭한 학자를 길러 낼 수 있었어요.

도마가 떠난 뒤 서라벌 이야기

"대원랑, 분황사에서 무슨 일이 일어나고 있는 것 같아요."
용담이 분황사를 가리키며 소리쳤어요.
"그러고 보니 도마가 없어요."
"모두 분황사로 가자."
대원랑과 낭도들은 분황사로 곧장 달려갔어요.
"대원랑! 처용인을 찾았다네."
분황사의 우물 주위에 서 있던 스님 한 분이 대원랑에게 처용인을 건네며 말했어요.
"스님, 어떻게 된 일입니까?"
"자네와 함께 처용인을 찾던 낭도 중 한 명이 홀로 역신과 싸웠네. 다행히 단검에 맞은 역신은 달아났지만 그 낭도가 그만 우물에 빠지고 말았어. 서둘러 아이를 구해 우물 밖으로 나와 보니 그 아이의 발가락에 처용인이 걸려 있었다네."
"그 아이가 누굽니까?"
"도마라고 했네."
"도마는 지금 어디에 있습니까?"
"그게 말일세……."
스님이 머뭇거리자 옆에 있던 다른 스님이 말했어요.
"절 방 안에 눕혀 두고 우물 주변을 정리하러 나왔다가 다시 가 보니 사라졌네."

"네?"

대원랑은 어찌 된 영문인지 몰라 어리둥절했어요. 갑자기 도마가 사라졌다니 무슨 일인가 싶었지요.

"모두 도마를 찾아보자."

대원랑과 낭도들은 분황사 주변을 샅샅이 뒤졌어요. 하지만 사라진 도마를 찾지 못했어요.

"역신을 물리친 도마에게 고맙다는 말을 전하지 못했구나."

대원랑이 안타까운 눈빛으로 분황사 주변을 둘러보았어요. 도마가 못 미더웠던 용담도 마음이 썩 편하지 않았지요.

"도마 이 녀석, 끝까지 말썽이야."

"우리 도마를 위해 기도하자. 도마 덕분에 역신도 사라지고 처용인도 되찾게 되었어."

아버지를 위해 만든 봉덕사종

봉덕사는 성덕왕이 무열왕을 위해 지은 절이에요. 성덕왕의 아들인 경덕왕이 아버지의 명복을 기리기 위해 종을 만들려고 했지만 완성하지 못하고 죽자, 경덕왕의 아들인 혜공왕이 끝내 완성하였어요. 성덕왕의 명복을 기리는 종이라 하여 '성덕대왕 신종'이라 불러요. 봉덕사종은 소리가 아주 아름다운 것으로 유명해요. 종소리가 살아 있는 듯 맑고 깨끗하게 울려 퍼지지요. 한편 종소리에서 '에밀레'라는 소리가 들린다고 하여 '에밀레종'이라고도 해요.

대원랑과 낭도들은 분황사 대웅전으로 들어가 도마가 건강하기를 바라며 기도를 올렸어요. 멀리서 봉덕사의 종이 은은하게 울려 퍼졌어요.

성덕 대왕 신종(국보 제29호)

이 책을 만드는 데 참고했습니다.

고운기, <우리가 정말 알아야 할 삼국유사>, 현암사, 2006
김영록, <경주 걷기여행>, 터치아트, 2015
김기흥, <천년의 왕국 신라>, 창비, 2000
김태식, <화랑세기, 또 하나의 신라>, 김영사, 2002
김환대, <경주의 왕릉>, 한국학술정보, 2010
유홍준, <국보순례>, 눌와, 2011
이광표, <국보 이야기>, 작은박물관, 2005
이기봉, <고대 도시 경주의 탄생>, 푸른역사, 2007
이수광, <신라를 뒤흔든 16인의 화랑>, 풀빛, 2010
이승미, <천 년의 황금 도시 경주>, 해와나무, 2007
이이화, <이이화 한국사 이야기 3>, 한길사, 2000
이재호, <천년 고도를 걷는 즐거움>, 한겨레신문사, 2005
이종욱, <신라의 역사 1>, 김영사, 2002
이종욱, <신라의 역사 2>, 김영사, 2002
이종욱, <화랑>, 휴머니스트, 2003
전덕재, <신라 왕경의 역사>, 새문사, 2009
정영호, <석탑>, 대원사, 1997
진홍섭, <불상>, 대원사, 1989
최준식, <신라가 빚은 예술, 경주>, 한울아카데미, 2010
황순종, <화랑 이야기>, 인문서원, 2017
국립경주박물관 홈페이지 http://gyeongju.museum.go.kr

책의 삽화는 위의 자료를 참고로 역사적 사실에 근거하여 그리고자 노력하였으나,
일부 장면은 어린이 독자들의 이해를 돕기 위해 재구성하였습니다.

이 책에 실린 사진 자료의 내용과 출처는 다음과 같습니다.

p. 24 계림, 문화재청
p. 28 황룡사지, 문화재청
p. 43 첨성대, 문화재청
p. 47 미추왕릉, 문화재청
p. 50 도장무늬 토기, 국립중앙박물관
p. 50 금동초심지가위, 문화재청
p. 50 아궁이 모양 토기, 국립중앙박물관
p. 51 금동판 삼존불 좌상, 국립경주박물관
p. 51 연꽃무늬 수막새, 국립중앙박물관
p. 51 주령구, 백제역사여행
p. 51 나무배, 국립경주박물관
p. 52 장니 천마도, 문화재청
p. 52 금관, 국립경주박물관
p. 53 기마 인물형 토기 주인상, 국립중앙박물관
p. 53 금동 신발, 국립중앙박물관
p. 53 금제 허리띠, 국립중앙박물관
p. 59 연화교·칠보교, 오세덕
p. 59 청운교·백운교, 오세덕
p. 63 다보탑, 문화재청
p. 63 석가탑, 문화재청
p. 76 임신서기석, 국립경주박물관
p. 92 감은사지, 문화재청
p. 96 감은사지 동 삼층 석탑 사리 장엄구, 문화재청
p. 98 진흥왕 척경비, 문화재청
p. 107 보리사 마애석불, 문화재청
p. 107 탑곡 마애불상군, 문화재청
p. 109 용장사곡 삼층 석탑, 문화재청
p. 112 약수골 마애입불상, 문화재청
p. 113 포석정지, 문화재청
p. 116 나정, 문화재청
p. 123 분황사 모전석탑, 문화재청
p. 133 성덕 대왕 신종, 국립경주박물관

책에 실린 사진들은 소장하는 곳과 저작권자의 허락을 받아 실었습니다.
혹시라도 누락되거나 착오가 있는 부분은 확인하는 대로 수정 및 사용 허락을 구하겠습니다.

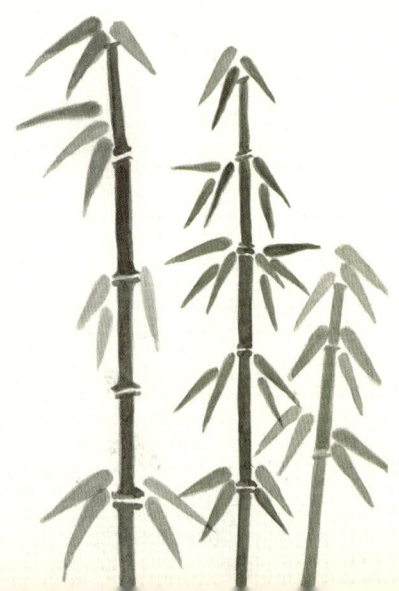

글 정혜원

어릴 적부터 헌책방을 돌아다니며 옛이야기를 찾아다니다가 지금은 우리 전통과 역사에 관한 이야기를 직접 쓰고 있어요. 2009년에 《판소리 소리판》으로 '우리교육 어린이책 작가상' 기획 부문 대상을 받고, 2013년에는 《매 맞으러 간 아빠》로 '한국문화예술위원회 문학창작기금'을 수상하였답니다. 그 밖에도 《모두의 집이 된 경복궁》《백곡 선생과 저승 도서관》《우리 역사에 뿌리내린 외국인들》《무덤이 들썩들썩 귀신이 곡할 노릇》《북촌 김선비 가족의 사계절 글쓰기》《삼국의 아이들》 등을 썼어요.

그림 안재선

옛이야기와 오래된 것은 지금과 이어져 있다고 생각하면서 그림을 그리고 있어요. 2014년과 2017년 볼로냐 국제아동도서전에서 '올해의 일러스트레이터'로 선정되었으며, 2020년 볼로냐 국제아동도서전에서는 첫 그림책 《삼거리 양복점》으로 '라가치상 오페라 프리마(신인상)' 부문 스페셜 멘션(우수상 격)을 받았어요. 지금까지 그린 책으로는 《조선을 빛낸 세종대왕》《산신령 학교》《새 나라의 어린이》《비밀 지도》《안녕 아시아 친구야》《아주 특별한 시위》《철의 나라 가야》 등이 있답니다.

감수·추천 오세덕

동국대학교에서 고고미술사학을, 같은 대학원에서 미술사학을 공부한 뒤, 현재 경주대학교 문화재학과 교수로 지내고 있어요. 우리 문화와 유물에 대한 열정으로 동국대학교 경주캠퍼스 박물관 연구원, 경상북도 문화재 전문위원, 경주대학교 박물관장으로 활발하게 활동했답니다. 대표 논문으로는 〈운문사 동서 삼층석탑에 관한 고찰〉〈경주 원원사지 석조물의 조성시기와 가람배치 변화 추정〉〈경주 보문동 사지에 관한 고찰〉 등이 있어요.

경주 안내 지도

경주는 2000년 11월에 유네스코가 세계문화유산으로 정할 만큼 다양한 유물과 유적을 간직하고 있어요. 수많은 탑과 불상이 있는 남산, 신라의 화려한 궁궐이 남아 있는 월성, 신라 사람들의 무덤이 모여 있는 대릉원, 불교문화를 고스란히 보여 주는 황룡사지 등 다양하지요. 약 천 년 동안 신라의 수도였던 경주 곳곳을 돌아다니면서 그 속에 숨은 유물과 유적들을 찾아보고 신라의 역사와 문화를 한껏 느껴 봐요.